Maria Montessori

Lernen ohne Druck

HERDER spektrum

Band 5873

Das Buch

Kinder werden oft durch den normalen Schulunterricht gelangweilt oder überfordert, und sie reagieren dann mit Lustlosigkeit und Aggression. Mit dem Namen Maria Montessori ist ein faszinierendes anderes Modell von Schule und Lernen verbunden. Sie sieht die Kinder als eigenständige Persönlichkeiten, und so sind auch die Montessori-Schulen geprägt vom Prinzip Freiheit, der freien Wahl und der individuellen Erziehung. Die natürliche Neugier der Kinder, ihr Wille zu lernen, wird hier ernstgenommen. Ingeborg Becker-Textor stellt anhand der Originaltexte die Methode vor: Wie Kinder selbst über ihre Lernschritte entscheiden und dabei gut vorankommen; wie Kinder neue Lernmotivation durch die freie Wahl gewinnen und sich für konzentriertes Arbeiten entscheiden.

Kinder lernen so in der Schule und zu Hause weitgehend selbstbestimmt – und finden Spaß am Lernen.

Die Autorin

Maria Montessori, 1870–1952, italienische Pädagogin und Ärztin. Bei Herder/Spektrum: Kinder lernen schöpferisch. Die Grundgedanken für den Erziehungsalltag mit Kleinkindern. Herausgegeben und erläutert von Ingeborg Becker-Textor (Band 4262).

Die Herausgeberin

Ingeborg Becker-Textor, geb. 1946, Kindergärtnerin und Hortnerin, Dipl.-Sozialpädagogin (FH), Dipl.-Pädagogin (Univ.),Montessori-Diplom, Autorin von Fachbüchern und Fachartikeln im Bereich Pädagogik, Kinder- und Jugendhilfe, Fortbildungsreferentin für Erzieher und Lehrer, langjährige Praxiserfahrung im Kindergarten, der Ausbildung und Fachberatung.

Maria Montessori

Lernen ohne Druck

Schöpferisches Lernen in Familie und Schule

Herausgegeben und erläutert von
Ingeborg Becker-Textor

HERDER

FREIBURG · BASEL · WIEN

Gedruckt auf umweltfreundlichem,
chlorfrei gebleichtem Papier

Überarbeitete und erweiterte Neuausgabe

www.herder.de
Gesamtherstellung: fgb · freiburger graphische betriebe 2007
www.fgb.de
Umschlaggestaltung und Konzeption:
R·M·E München / Roland Eschlbeck, Liana Tuchel
Umschlagmotiv: © Hartmut W. Schmidt
ISBN 978-3-451-05873-8

Gliederung

Einführung

Vor genau 100 Jahren wurde in Rom Montessoris erstes Kinderhaus eröffnet und Maria Montessori versucht mit „ihren" Methoden die Kinder vom „Chaos zur geordneten Arbeit" hinzuführen, sie zum Lernen zu motivieren und ihre milieubedingten Probleme zu überwinden, mit dem Ziel der Integration. Heute, 100 Jahre später, haben ihre Methoden, ihre Pädagogik und ihr Bild vom Kind nicht an Bedeutung verloren. In der aktuellen Diskussion im Rahmen der Implementation der Bildungspläne im Elementarbereich hat man Montessori jedoch scheinbar vergessen. Statt sich zu besinnen auf die Förderbereiche, die bei ihr Selbstverständlichkeit waren, wie z. B. Sinnesschulung, frühmathematische Förderung, Sprachförderung und Sprachanbahnung, Erstlesen und Erstschreiben, schafft man Trainingsprogramme, die nicht eingebettet sind in ein umfassendes und ganzheitliches Lernangebot für Kinder.

Die moderne Pädagogik will Kinder frühzeitig fördern und Erfahrungswerte aus der Arbeit der Klassiker der Pädagogik, wie z. B. Pestalozzi, Fröbel, Berthold Otto, Montessori, werden nicht einmal gestreift. Man glaubt, ganz neue Ansätze erfinden zu müssen. Aber, 100 Jahre sind vergangen und die Methoden Montessoris haben weder an Aktualität noch an Erfolg verloren. Montessori-Kinder haben ihren

Platz in unserem Schulwesen. Sie liegen nicht hinter den „normal" geförderten Kindern zurück. Das Gegenteil ist der Fall. Sie sind die Experten, wenn es um entdeckendes Lernen, Selbstständigkeit, Sicherheit bei Entscheidungen, Selbsttätigkeit, um das Erreichen von Lernkompetenzen geht.

Und Montessori hat ein Ziel: Lernen ohne Druck! Das Kind braucht und fordert nur die Hilfe, die es braucht, um eine Aufgabe selbst bewältigen zu können. Montessori-Kinder sind kreativ und frei im Denken, mutig, Lösungen anzustreben, resignieren nicht vor einer Aufgabe, sondern gehen lieber nochmals einen Schritt rückwärts, um zu üben oder zu vertiefen. Montessori benutzt nicht explizit die Begriffe Methodik und Didaktik. Ihr Erziehungskonzept stellt das Kind ins Zentrum und macht den Lehrer nur zum Begleiter des Kindes.

„Es war Ende 1906. Ich kam aus Mailand zurück. Man hatte mich dort zur Preisverleihung auf der Weltausstellung in der Abteilung Wissenschaftliche Pädagogik und Experimentalpsychologie hinzugezogen. Der Generaldirektor des „Istituto dei Beni Stabili di Roma" bot mir an, die Gestaltung von Kindergärten zu übernehmen, die in Häusern mit Sozialwohnungen errichtet werden sollten. Die großartige Idee bestand darin, einen Stadtteil voll von Flüchtlingen und armen Leuten neu zu gestalten, wie das Viertel San Lorenzo in Rom, wo etwa 30 000 Einwohner auf engem Raum zusammengedrängt lebten, unter Bedingungen, die jeglicher öffentlicher Kontrolle entzogen waren. Es gab dort Arbeitslose, Bettler, Prostituierte, frisch aus dem Gefängnis entlassene Strafgefangene. Sie alle hatten Zuflucht zwischen den Mauern und Häusern gesucht, die wegen der Wirtschaftskrise nicht fertiggestellt worden waren, da fast im ganzen Viertel die Bautätigkeit zum Erliegen gekommen war. …

Jedes dieser Häuser mit Sozialwohnungen sollte seine eigene Schule besitzen, und da das Institut bereits über mehr als 400 solcher Häuser in Rom verfügte, bot diese Arbeit großartige Entwicklungsmöglichkeiten. Die erste Schule sollte im Januar 1907 eröffnet werden, und zwar in einem großen Sozialhaus des Viertels San Lorenzo. …

Dieser besondere Schultyp erhielt den entzückenden Namen ‚Casa dei Bambini' (Kinderhaus). Das erste wurde unter dieser Bezeichnung am 6. Januar 1907 in der Via dei Marsi 53 eröffnet. Man vertraute mir seine Leitung an. Die soziale und pädagogische Bedeutung einer solchen Einrichtung wurde mir in ihrem ganzen Umfang bewusst und ich ließ mich nicht davon abbringen, dass sie einer triumphalen Zukunft entgegenging, was damals eine übertriebene Vision zu sein schien. Heute beginnen viele zu erkennen, dass ich die Wahrheit voraussah.

… Am 6. Januar wurde die erste Gruppe von über 50 kleinen Kindern zusammengestellt. Es war interessant, diese kleinen Wesen zu sehen, die sich so stark von denen unterschieden, welche die üblichen schulgeldfreien Schulen besuchten. Sie waren schüchtern und unbeholfen, sahen dumm und unzurechnungsfähig aus. Sie waren nicht in der Lage, in einer Reihe hintereinander zu gehen, und die Lehrerin ließ jedes Kind den Schürzenzipfel des vor ihm Laufenden packen, so dass sie sich wie im Gänsemarsch fortbewegten. Sie weinten und alles schien ihnen Angst einzuflößen – die Schönheit der anwesenden Damen, der Baum und die daran hängenden Dinge. Weder nahmen sie die Geschenke an, noch probierten sie die Süßigkeiten, noch antworteten sie auf Fragen. …

Ich wurde um eine Ansprache gebeten, doch da ich nicht auf die strukturellen und wirtschaftlichen Einzelheiten des Unternehmens eingehen konnte, nahm ich ganz allgemein auf das hier begonnene Werk Bezug und las den Teil einer Weissagung von dem von der katholischen Kirche am 6. Januar begangenen Epiphaniefest, dem Tag, der für die Eröffnung des Kinderhauses gewählt worden war. …"

(Aus: Maria Montessori, „Die Entdeckung des Kindes", S. 39ff).

In diesem ersten Kinderhaus hat Maria Montessori versucht, ihren Zielen und Vorstellungen vom Bild des Kindes eine Form zu geben. Ihre damals praktizierten Methoden haben noch heute Gültigkeit. Erstaunlich jedoch ist, dass dort, wo sie ihre Pädagogik quasi experimentell in die Praxis umsetzte, heute kaum noch Montessori-Einrichtungen zu finden sind.

Vorwort

Die Kinder sind unsere Zukunft

„So müssen wir denn das Kind als schicksalhaft für unser Zukunftsleben ansehen. Wer immer für die menschliche Gesellschaft einen echten Vorteil erreichen will, der muss beim Kinde ansetzen, nicht nur, um es vor Abwegen zu bewahren, sondern auch, um das wirkliche Geheimnis unseres Lebens kennenzulernen. Von diesem Gesichtspunkt aus betrachtet, stellt sich die Gestalt des Kindes machtvoll und geheimnisreich dar, und wir müssen über sie nachsinnen, auf dass das Kind, welches das Geheimnis unserer Natur in sich birgt, unser Lehrmeister werde."

(Aus: Maria Montessori, „Kinder sind anders" S. 289)

Diese Zeilen Maria Montessoris mögen einstimmen in dieses Buch. Die Aussagen sind richtungweisende Begleiter bei der Befassung mit ausgewählten Texten Maria Montessoris zum schöpferischen Lernen in Familie und Schule. Damit bildet dieses Buch eine Art Fortsetzung zu „Kinder lernen schöpferisch – die Grundgedanken für den Erziehungsalltag mit Kleinkindern" (Herder Verlag 1994).

In den letzten Jahren sind immer mehr Montessori-Kindergärten und -Schulen entstanden. Handelt es sich dabei um eine Reaktion auf unbefriedigende Kindergartenkonzepte oder auf Mängel im staatlichen Schulwesen? Diese Frage soll hier offen bleiben, nur zum Nachdenken anregen. Es wird die Forderung laut, die Prinzipien und Methoden der Montessori-Pädagogik verstärkt in die Regelschule einzuführen und damit die Anwendung der Montessori-Pädagogik auch außerhalb privater Schulen umzusetzen.

Was macht Montessori-Schulen und Montessori-Pädagogik so attraktiv? Maria Montessori hat in ihren Vorträgen und Schriften umfassende konkrete Anregungen zur Umsetzung ihrer pädagogischen Gedanken für den Bereich des Kinderhauses (Kindergarten) gegeben, aber auch für den Bereich der Grundschule. Sie verwendet bei ihren grundlegenden Aussagen meist den Begriff „Schule“ und meint damit aber gleichermaßen die Arbeit im Kinderhaus (Kindergarten) und in der Grundschule (etwa bis zum 12. Lebensjahr).

Die fundierte Montessori-Kennerin Hildegard Holtstiege formulierte anlässlich der internationalen Krimmler-Montessori-Tage 1992 die Aktualität der Montessori-Pädagogik: „Montessori-Pädagogik hat sich zum einen bewährt durch ihre internationale Breitenwirkung. Es gibt heute Montessori-Einrichtungen in allen Erdteilen. Sie hat sich aber auch im geschichtlichen Zeitraum von 85 Jahren gehalten und bewährt. Ein Blick in die deutsche Bildungsgeschichte zeigt, dass immer dann auf sie zurückgegriffen wurde, wenn Stagnationen eintraten, so in den 40er/50er Jahren und den 70er/80er Jahren. Die Aktualität der Montessori-Pädagogik scheint damit zusammenzuhängen, dass in einer sehr konsequenten Weise die Hilfe zum menschlichen Werden unter den Bedingungen menschlichen Fortschritts und menschlichen Zusammenlebens bedacht wird. Daraus ergibt sich der Ansatz bzw. die Orientierung dieser Pädagogik *(Holtstiege, in: Haberl, S. 65).*

So kann die Montessori-Pädagogik, aber auch die Pädagogik anderer Vertreter der Reformpädagogik bzw. der pädagogischen Bewegung vom Kinde aus, als Anregung oder Impuls verstanden werden, manche Methoden unserer heutigen Schule zu überdenken.

Der Neugründung von Montessori-Kindergärten und Schulen darf nicht nur als Kritik auf unser Bildungswesen verstanden werden, sondern sollte eher zum Nachdenken anregen. Umso erstaunlicher, dass mittlerweile zwar nahezu in allen Bundesländern ein Bildungsplan existiert, Schlüsselqualifikationen und Lernmethoden schriftlich verankert wurden, der Montessori-Pädagogik aber kein Platz eingeräumt wurde. Die fruchtbare Auseinandersetzung und Diskussion mit den Grundprinzipien der Gedanken Maria Montessoris hätten großen Einfluss bei der Erstellung der Bildungs- und Lehrpläne für Kindergärten und Grundschulen haben müssen.

Viele engagierte Lehrerinnen und Lehrer bevorzugen die Arbeit an einer Montessori-Schule oder zumindest nach Montessori-Methoden. Sie tun es aus Überzeugung und getragen von der Erkenntnis, dass die Kinder die Lehrmeister von uns Erwachsenen sind, die uns bitten, dass wir ihnen helfen, selbständig zu werden: „Hilf mir, es selbst zu tun!"

Das Prinzip Freiheit, die freie Wahl, das individuelle Lerntempo und die individuelle Vorgehensweise, die „offenen Türen", die vorbereitete Umgebung in den Schulräumen, die Beobachtung der Kinder, der Weg zur Selbsterziehung, sind einige Qualitätsmerkmale für die Montessori- Pädagogik und das Lernen in Schule und Familie.

Anhand ausgewählter Texte aus den Aufzeichnungen und Vorträgen Maria Montessoris sollen die Grundgedanken des Unterrichts nach ihrer Methode aufgeschlüsselt werden. In den Erläuterungen und Interpretationen wird der Bezug und ansatzweise Vergleich zu unseren Regelschulen hergestellt. Es wird darüber hinaus versucht, der Frage nachzugehen, wie die Methode das Lernen beeinflusst und wie „Führung“ vom Material ausgehen kann.

Es wird immer wieder überraschen, dass bei Montessori Kinder selbst über die Folge und das Tempo von Lernschritten entscheiden. Sie gewinnen immer neue Lernmotivation durch die freie Wahl. Sie finden Wege der Selbständigkeit und erreichen ein hohes Maß an Selbstdisziplin und Konzentration.

„Eine der am wenigsten erwarteten und daher überraschendsten Kundgebungen der Kinder, die in unseren Schulen die Möglichkeit fanden, sich frei zu betätigen, bestand in der liebevollen Genauigkeit, mit der sie ihre Arbeiten ausführten. Bei dem Kinde, das ein freies Leben führen darf, beobachten wir Handlungen, aus denen nicht nur das Bestreben spricht, Außeneindrücke in sich aufzunehmen, sondern auch die Liebe zur Genauigkeit in der Auffassung seiner Handlungen. Man erhält von solchen Kindern den Eindruck, als treibe eine innere Kraft ihren Geist der Verwirklichung seiner selbst entgegen. Das Kind ist ein Entdecker: Ein Mensch geboren aus einem gestaltlosen Nebel, auf der Suche nach seiner eigenen, strahlenden Form begriffen“
(Maria Montessori, „Kinder sind anders“, S. 139).

1. Montessori-Pädagogik und -Unterricht

In der Mehrzahl ihrer Schriften unterscheidet Maria Montessori nicht zwischen dem Lernen im Kinderhaus (Kindergarten) und dem Lernen in der Schule. Sie spricht durchweg von dem Lehrer/der Lehrerin und der Schule. Damit wird bereits deutlich, dass viele ihrer Grundprinzipien sich wie ein roter Faden durch ihre gesamte Pädagogik ziehen und für alle Altersstufen gleichermaßen bedeutsam sind. Gerade diese Prinzipien sind es, die das Wesen ihres Unterrichts ausmachen, die es ermöglichen, dass das Kind am Standort seiner jeweiligen Entwicklung, seiner Kenntnisse und seiner Lernbereitschaft „abgeholt“ werden kann. Nicht die Gruppe/ Klasse ist dabei für Maria Montessori von Bedeutung, sondern das individuelle einzelne Kind.

Ein ähnliches Ziel „gaukeln“ uns auch Bildungs- und Erziehungspläne vor. Da sie teilweise aber sehr rezeptlastig sind und fast schon Schullehrplancharakter haben, gelingt es nicht immer, die Individualität der Kinder wirklich im Blick zu behalten, die Ressourcen des Kindes zu erkennen und auch wirklich zu fördern. Einseitige sogenannte „Bildungsangebote“ verhindern eher das selbstständige Lernen und Entdecken, als dass sie es fördern würden. Dabei würde die Methode Maria Montessoris entwicklungsverzögerten Kindern ebenso helfen wie hochbegabten.

An kindlichen Bedürfnissen ausgerichtetes, adäquates Material wurde von Maria Montessori entwickelt. Für das Kindergartenalter stehen die Schulung der Sinne – das Sinnesmaterial – und die Übungen des praktischen Lebens im Mittelpunkt. Für die Grundschule wurde dieses erweitert um das Materialangebot für Mathematik, Schreiben, Lesen, Geographie, Biologie/Naturkunde etc. All ihre didaktischen Materialien sind mit „Fehlerkontrollen" ausgestattet, so dass nicht der/die Lehrer/-in Rückmeldung über richtig oder falsch geben, sondern das Material selbst. Diese Tatsache trägt dazu bei, dass der/die Lehrer/-in in ein anderes Verhältnis zum Kind eintreten kann. Dem Kind wird Hilfe angeboten zur Lösung der Aufgabe. Es wird jedoch selbst seinen Erfolg erkennen. Dem/Der Lehrer/-in kommt die verstärkte Aufgabe der Beobachtung zu, ob das Material vielleicht noch zu schwierig ist, oder ob es schon beherrscht wird. Mit der Vorbereitung der Umgebung und der Bereitstellung der Materialien kann der/die Lehrer/-in dann auf das Kind reagieren, es vielleicht zu einer einfacheren oder höheren Stufe eines Materials hinführen. Die Rolle des/der Lehrer/-in ist also eine andere, als in der Regelschule.

„Der herkömmliche Unterricht nötigt die Kinder, mit Anstrengung hinter dem Stand des Lehrers herzulaufen. Die Montessori- Lehrer/-innen verlassen die übliche Schlüsselposition, von der die Lernaktivitäten der Kinder zentral und einheitlich gesteuert werden. Sie entledigen sich der Funktion des Informationsträgers und delegieren die Information an die Materialien der vorbereiteten Umgebung. Ihre neue Aufgabe umschreibt Maria Montessori mit der Aufforderung ‚Hilf mir, es selbst zu tun!'. Dieses Zitat darf keinesfalls als Legiti-

mation eines teilnahmslosen Gewährenlassens im Sinne von ‚Warte, bis ich es von allein kann' missverstanden werden. Im Sinne Maria Montessoris wird der/die Lehrer/-in zu einem Organisator von verschiedenen Lernprozessen"
(Haberl, Freiburg 1993, S. 14ff).

Es wäre im Rahmen der Erzieher- und Lehrerausbildung ein riesiger Entwicklungsschritt, wenn die Rolle der neuen Lehrerin – im Sinne Maria Montessoris – Selbstverständlichkeit werden würde. Dies aber würde bedeuten, dass sich nicht nur Lehrinhalte, sondern vor allem auch Lehr- und Lernmethoden im Rahmen der Aus- und Fortbildung noch stärker verändern müssten.

Holtstiege beschreibt den „neuen Erwachsenen" (und dies gilt gleichermaßen für Lehrer und Eltern):

„Dem erziehenden Erwachsenen fällt die Aufgabe zu, junge Menschen im Aufbau ihrer Freiheit und in ihrer Aneignung von Kultur zu leiten. Dies muss in einer Weise geschehen, in der die Eigeninitiative der Kinder und Jugendlichen respektiert und verantwortet wird … Es geht dabei um die innere Ausrichtung auf eine positive Sicht der Kinder. Hinzu kommt die gedankliche Abklärung der Arbeit, die ihn (den Lehrer) erwartet, im Verhältnis zu den Aufgaben, die der vorbereiteten Umgebung vorbehalten sind, in der freien Arbeit der Lernenden."
Und weiter spricht Holtstiege von der Gewährung von Entwicklungsfreiheit. Gemeint ist die Freigabe des jungen Menschen zur freien Arbeit, die folgende Freiheiten beinhaltet:
– Freiheit der Bewegung in der vorbereiteten Umgebung
– Freiheit des Interesses und der Wahl der Gegenstände

- Freiheit der Zeit, d. h. der Dauer von Konzentrationsvorgängen
- Freiheit der Kooperation der Schüler
- Freiheit der Wahl des Bildungsniveaus, d. h. freie Zuordnung zu Lerngruppen verschiedenen Alters“

(Holtstiege, in: Haberl, S. 73).

Damit dem Lehrer/Erzieher dies gelingen kann, braucht er als eine der wichtigsten Grundqualifikationen die Fähigkeit zur teilnehmenden Beobachtung. Jeder Erzieher/Lehrer wird beteuern, dass er/sie natürlich das Kind beobachtet. Noch dazu, da es mittlerweile auf dem Markt eine Vielzahl von Beobachtungs- und Erhebungsbögen gibt. Einmal sollen durch Beobachtung Sprachdefizite frühzeitig erkannt, dann Integrationsprobleme festgestellt oder der Entwicklungsstand diagnostiziert werden. Objektive Beobachtung ist und bleibt schwierig. Die Fähigkeit zur Analyse des Beobachtungsgeschehens gilt es zu üben und dann die gewonnenen Erkenntnisse in der erzieherischen Arbeit auch umzusetzen. Und ein ganz besonderer Aspekt ist die Beobachtung positiven Verhaltens. Sind wir doch immer wieder versucht, nur Schwierigkeiten, Verhaltensauffälligkeiten, Störungen wahrzunehmen. Und dabei würden positive Dinge überwiegen. Das Angenehme jedoch ist in unseren pädagogischen Augen meist eine Selbstverständlichkeit. Die Ergebnisse stünden dann in einem ganz anderen Licht und müssten anders gewichtet werden. Gefährlich sind vorschnelle Konsequenzen aus Beobachtungen oder subjektive Wertungen.

2. Ausgewählte Texte Maria Montessoris

Schöpferisches Lernen in Familie und Schule

In der Folge von TIMSS oder PISA kam es zu „Schuldzuweisungen“ bezüglich des schlechten schulischen Abschneidens deutscher Kinder durch Erzieher, Lehrer und Eltern. Arbeitsblätter, Lernprogramme, Trainingsmappen waren und sind die Folge. Dies geht jedoch nicht zuletzt auf Kosten des schöpferischen Lernens. Die individuellen Fähigkeiten des Kindes werden übersehen, die notwendigen Rahmenbedingungen bleiben unberücksichtigt. Das Umfeld bzw. die vorbereitete Umgebung – im Sinne Maria Montessoris – sind jedoch ein wesentlicher Faktor für die gesunde physische und psychische Entwicklung des Kindes. Das Kind braucht Anreize und Impulse aus seiner Umgebung die es selbst aktiv werden lassen. Es muss Lösungen finden und erproben können. Enge und begrenzte Aufgabenstellungen schränken es in seiner Entfaltung ein.

Nun möchte ich Sie mit einigen Originaltexten bzw. Textausschnitten aus Veröffentlichungen Maria Montessoris bekanntmachen. Ich habe Texte ausgewählt, die für das schöpferische Lernen in Familie und Schule relevant sind und zu denen ich selbst einen besonderen Bezug habe. Im Anschluß an den jeweiligen Text versuche ich durch einige interpretative Gedanken, aber auch kritische Anmerkungen, einen Bezug zum Lernen und zur Erziehung in Familie und (Grund-)

Schule herzustellen. Ich hoffe, daß Sie manche Hilfestellung oder Anregung für die Erziehung daraus gewinnen können und nicht zuletzt motiviert werden, sich noch intensiver mit den pädagogischen Gedanken und Methoden Maria Montessoris zu beschäftigen.

2.1 Ein Blick auf das Leben des Kindes

„*Die allgemeinen Kriterien der psychischen Hygiene der Kinder laufen parallel mit denen der physischen Hygiene.* – Viele, die mich baten, in der Erziehung der Kinder über sieben Jahre in der gleichen Richtung wie bei den kleineren Kindern fortzufahren, waren im Zweifel darüber, ob dies möglich sei.

Die angeführten Schwierigkeiten waren vor allem moralischer Art.

Muss das Kind nun nicht anfangen, dem Willen anderer zu folgen anstatt dem eigenen? Wird es nicht eines Tages einer wirklichen Anstrengung gegenüberstehen, wenn es eine ‚notwendige' anstatt einer ‚gewählten' Arbeit vollbringen muss? Schließlich muss es nicht auf das Opfer vorbereitet werden, weil das Leben des Menschen kein leichtes, aus Genuss bestehendes Leben ist?

Im Hinblick auf verschiedene praktische Einzelheiten der Grundschulerziehung, die bereits mit sechs Jahren, spätestens aber mit sieben Jahren beginnt, machten einige ferner folgende einfache Einwendung: Jetzt naht das Gespenst des Einmaleins, die trockene geistige Übung der Grammatik. Was werden Sie tun? Werden Sie all dies abschaffen, oder werden Sie zugeben, dass das Kind doch diesen Notwendigkeiten ‚unterworfen' werden muss?

Offensichtlich kreisen alle diese Überlegungen um die Interpretation jener ‚Freiheit', die als Grundlage der von mir verfochtenen Erziehung erklärt wird.

Vielleicht wird man bald über alle diese Einwände lächeln, und man wird vorschlagen, diese samt den Kommentaren in den späteren Ausgaben wegzulassen. Aber momentan sind sie berechtigt und müssen kommentiert werden. Trotzdem ist es nicht einfach, eine direkte, überzeugende und klare Antwort zu geben; denn es handelt sich darum, sogar solche Ansichten zu erschüttern, über die alle eingewurzelte Überzeugungen haben ..."

(Aus: Maria Montessori, „Schule des Kindes", S. 11 ff.)

Wie viele von uns haben noch die Drohung der Eltern oder anderer Erwachsener im Ohr: „Wart nur, wenn du in die Schule kommst. Dann kommen andere Zeiten, dann wird es ernst, dann ist es aus mit der Spielerei, dann wird gelernt, dann beginnt der Ernst des Lebens ..." usw. Die Kette der Aussagen ließe sich ohne weiteres noch verlängern. Hat all dies zur Freude und zur Motivation für unseren Schulbesuch beigetragen? Wurde damit nicht – gerade bei sensiblen Kindern – Schulangst erzeugt bzw. forsche Kinder dazu aufgefordert, sich „gegen" die Schule zu stellen?

Mit dem Ende des Kindergarten- und Beginn des Grundschulalters platzen die Kinder vor Neugierde auf das Lernen, das Schreiben, mathematische und physikalische Zusammenhänge, auf Experimente, neue Entdeckungen und Erfahrungen. Sie sind hoch motiviert und bereit, die Angebote der Schule an- und aufzunehmen.

Im Kindergarten wurde das Kind auf die Schule vorbereitet. Dabei ging es nicht darum, dass schulische Techniken vorweggenommen wurden. Das Kind hat vielmehr gelernt, ausdauernd zu spielen, selbst Entscheidungen für eine Aktivität zu treffen, sich zu konzentrieren, zuzuhören, soziales Verhalten gegenüber den anderen Kindern zu praktizieren, hilfsbereit zu sein, zu argumentieren, sich sprachlich auszudrücken, manuelle und körperliche Geschicklichkeit zu nutzen, zu beobachten, zu staunen, mit Erlebnissen umzugehen, Probleme zu lösen, Ja und Nein zu sagen, zu planen und zu handeln, zu überlegen und zu reagieren, zu respektieren, Kompromisse zu finden, aber auch sich zur Wehr zu setzen, für eigene Rechte und die Rechte anderer einzutreten usw.

Neben kognitiven Fähigkeiten hat es aber vor allem auch die soziale Schulfähigkeit erreicht. Alle diese Erfahrungen und Fähigkeiten will das Kind auch von sich aus in das Schulleben einbringen. Leider aber überwiegt bei vielen Lehrkräften noch immer der Wunsch nach Angepaßtheit, Gehorsam, Stillsitzen, den Namen schreiben können, Ordnung usw. Wissen in einzelnen Bereichen wird häufig als störend empfunden. Anders bei Maria Montessori. Das Kind kann seinem Entwicklungsstand gemäß lernen und ist nicht an ein bestimmtes Klassenniveau gebunden. Es kann so seine „sensiblen Phasen“ für den Wissenserwerb und das Lernen nützen. Soziale Fähigkeiten werden gar nicht so selten als störend empfunden. Ich selbst, als ich noch als Erzieherin tätig war, mußte mir wiederholt von Lehrern sagen lassen, daß „meine Kindergartenkinder“ zu sozial seien, ihre Aktivitäten kaum zu bremsen wären. Ich muß allerdings vorausschicken, daß ich im Kindergarten nach den Prinzipien Maria Montessoris gearbeitet habe. „Meine Kinder“ hatten aber auch Glück mit Lehrern, denen es gelang, die im Kindergarten begonnene Erziehung fortzusetzen. Eine Lehrerin setzte sogar bei der Schulleitung durch, daß sie alle Kinder aus meiner Gruppe in die Klasse bekam und setzte die Montessori-Arbeit im Rahmen der Möglichkeiten der Regelschule fort.

Übrigens lassen sich die Grundprinzipien Maria Montessoris in jeder Schule – zumindest ansatzweise – realisieren.

2.2 Ein Blick auf die heutige Erziehung

„*Grundsätze, die die moralische Erziehung und den Unterricht leiten.*– Während der Erwachsene das Kind unter das Spielzeug verbannt und es unerbittlich von solchen Übungen fernhält, die seiner inneren Entwicklung dienen würden, verlangt er, dass es ihn auf moralischem Gebiet nachahme. Der Erwachsene sagt zum Kind: ‚Tu' wie ich!' Nicht durch Bildung[1], sondern durch Nachahmung soll das Kind erwachsen werden. Das ist, als würde eines morgens der Vater zu seinem Sohn sagen: ‚Schau mich gut an und sieh, wie groß ich bin; heute Abend, wenn ich nach Hause komme, will ich, dass du 15 cm gewachsen bist!'

Auf diese Weise wird die Erziehung sehr vereinfacht. Man liest dem Kind eine Heldengeschichte vor und sagt: ‚Werde ein Held!' Man erzählt ihm eine Moralgeschichte und endet mit der Aufforderung: ‚Sei tugendhaft!' Man berichtet ihm vom Beispiel eines außerordentlichen Charakters und mit der Mahnung: ‚Werde auch du ein charakterstarker Mensch' (wird das Kind auf den Weg geschickt, ein bedeutender Mensch zu werden).

[1] Montessori braucht hier, wie so oft, das Wort formazione im Sinne des Aufbaus der menschlichen Persönlichkeit; vgl. M. Montessori, Über die Bildung des Menschen, Freiburg 1966 (d. Hrsg.).

Wenn sich die Kinder unzufrieden und unruhig verhalten, erzählt man ihnen, dass ihnen nichts fehle und dass sie zu ihrem Glück einen Vater und eine Mutter haben, und zum Schluss heißt es: ‚Seid glücklich, Kinder; Kinder müssen immer fröhlich sein'; und auf diese Weise werden die geheimnisvollen Bedürfnisse des Kindes befriedigt.

Nachdem sie dies getan haben, fühlen sich die Erwachsenen beruhigt. Sie richten den Charakter und die Moral ihres Kindes gerade, wie sie früher die Beine durch enges Wickeln gerade gerichtet haben.

Manchmal beweisen jedoch rebellische Kinder die Nutzlosigkeit solcher Unterweisungen. In solchem Fall werden von einem guten Erzieher Erzählungen über die Unwürde einer solchen Undankbarkeit, über die Gefahren der Unfolgsamkeit, über die Hässlichkeit des Zorns ausgewählt, um die Fehler des Schülers klar hervorzuheben. Sie sind jedoch nicht besser angebracht wie für den Blinden eine Erzählung über die Gefahren der Blindheit; wie für einen Krüppel die Beschreibung der Leiden beim Laufen. Auch auf materiellem Gebiet geschieht das Gleiche: Ein Musiklehrer beschränkt sich darauf, dem Anfänger zu sagen: ‚Halte die Finger richtig; solange du nicht die Finger richtig hältst, wirst du nicht spielen können!' Die Mutter sagt zu ihrem Sohn, der gezwungen ist, den ganzen Tag krumm über der Schulbank zu sitzen, von der menschlichen Gesellschaft dazu verdammt, ununterbrochen zu lernen: ‚Halte dich gerade und sei nicht so plump in Gesellschaft, sonst muss ich mich deiner schämen.'

Wenn das Kind eines Tages sagen würde: ‚Ihr hindert mich, einen Willen und einen Charakter zu entwickeln; wenn ich so böse erscheine, ist es gerade deshalb, weil ich versuche, mich zu retten; wie soll ich nicht plump sein, wenn ich schlecht gehalten wurde?‘ Für viele wäre dies eine Offenbarung, für viele andere ‚ein Mangel an Respekt‘.

Es gibt eine Technik, die es ermöglicht, das Kind zu dem vom Erwachsenen vorgesehenen Ziel zu führen; sie ist sehr einfach. Man muss das Kind dazu bringen, das zu tun, was der Erwachsene will; dann wird der Erwachsene es zum Guten, zur Kraft und zur Opferbereitschaft anleiten können, und die Moral des Kindes ist geschaffen. Der Kern der Erziehung liegt darin, das Kind zu zähmen, zu unterwerfen und folgsam zu machen. Wenn das erreicht ist, mit jedem Mittel, auch mit Gewalt, kommt der Rest von selbst. Und für das Wohl des Kindes muss man so verfahren; sonst könnte man es nicht anleiten. Und ein erster Hauptschritt in dieser Richtung heißt: ‚Den Willen des Kindes erziehen.‘ (Dies erlaubt dem Erwachsenen nun von sich selbst zu sprechen, wie Vergil von Gott sprach:

Beschlossen ist's von jener Macht, der Wollen
Und Können eins – dies Wort mag dir genügen.)

Der Erwachsene wird danach in sich die Dinge suchen, die für ihn am schwierigsten sind, und diese wird er dem Kind *zeitig* aufzwingen, damit es sich an die Schwierigkeiten des menschlichen Lebens gewöhnt. Aber oft zwingt er ihm Bedingungen auf, die auch der Erwachsene nicht im geringsten *die Kraft hätte zu ertragen* ... wie zum Beispiel, über Jahre hinaus drei bis vier Stunden täglich unbeweglich einem schwierigen und langweiligen Redner zuzuhören ...“

(Aus: Maria Montessori, „Schule des Kindes“, S. 36 ff.)

„Der Lehrer muss bei jedem Unterricht den Verstand des Kindes nach diesen Richtlinien leiten. Er darf jedoch nicht an die Stelle des Kindes treten, sondern muss das Kind zum eigenen Denken führen, zum Üben der eigenen Tätigkeit. Bei der Assoziation z. B. wird der Lehrer nicht sagen: ‚Sieh rings herum diesen oder jenen Gegenstand und beobachte, wie er ähnlich ist ... usw.', sondern er wird den Schüler fragen: ‚Was siehst du in deiner Umgebung? Gibt es nichts, was ähnlich ist ...' usw. Genauso wird der Lehrer bei der Definition z. B. nicht sagen: ‚Der Vogel ist ein mit Federn bedecktes Wirbeltier, das zwei in Flügel verwandelte Gliedmaßen hat' usw., sondern er wird mit aufeinander folgenden Fragen, mit Verbesserungen und ähnlichem das Kind dazu bringen, von selbst die genaue Definition zu finden. Wenn sich der geistige Vorgang der vier Stufen Herbarts[2] auf natürliche Weise abwickeln soll, müsste ein großes Interesse für den Gegenstand bestehen; das Interesse würde den Verstand an den Begriff binden oder, wie der bekannte Pädagoge sagt, ihn in den Begriff ‚vertiefen' lassen. Gleichzeitig würde er in ein System gebracht, das gleichwohl vielseitige Begriffe umfasst. Folglich ist es notwendig, dass das ‚Interesse' geweckt wird und im Laufe des gesamten Unterrichts wach bleibt. Es ist bekannt, dass deshalb ein Schüler Herbarts diesen vier Stufen die Stufe des Interesses vorausge-

[2] Herbart bestimmte einen Einheitstyp von Lektionen nach den vier bekannten Stufen: Klarheit, Assoziation, System, Methode. Diese sehen etwa so aus: Darbietung eines Gegenstandes und seine analytische Untersuchung (Klarheit); Urteile und Vergleiche mit anderen Gegenständen aus der Umgebung oder mit Vorstellungen aus der Erinnerung (Assoziation); Definition des Gegenstandes, abgeleitet von vorhergehenden Urteilen (System); neue Prinzipien, die aus dem Begriff erwachsen, der sich vertieft hat und die zu praktischen Anwendungen moralischer Art führen (Methode). (Montessori, „Schule des Kindes" S. 49).

hen ließ, indem er jede neue Erkenntnis an eine alte anknüpfen ließ: ‚Vom Bekannten zum Unbekannten gehen'; denn das absolut Neue kann kein Interesse erwecken.

Sich künstlich interessant machen, d. h. sich interessant machen für jemand, der kein Interesse an uns hat, das ist eine sehr schwierige Aufgabe. Und stunden- und jahrelang durch Interesse nicht eine, sondern eine Vielzahl von Personen an uns binden, die nichts mit uns gemein haben, nicht einmal das Alter; das ist eine übermenschliche Aufgabe. Das ist die Aufgabe des Lehrers, oder wie er sagt, seine ‚Kunst', wenn er will, daß diese Gemeinschaft von Kindern, durch Disziplin zur Unbeweglichkeit verurteilt, ihm mit dem Verstand folgt, das begreift, was er sagt, und es auch lernt. Aber das ist eine im Innern sich vollziehende Arbeit, die er nicht gebieten kann, wie er die Haltung des Körpers gebietet, sondern die er ‚sich verdienen muss', indem er ‚interessant' ist und es auch bleibt. ‚Die Kunst des Unterrichtens', sagt Ardigò, ‚besteht vor allem darin: zu wissen, wie weit und auf welche Art man die Aufmerksamkeit der Schüler fesseln kann. Die geschicktesten Lehrer sind die, die nie einen Teil des Gehirns ihrer Schüler zu sehr ermüden, damit sich deren Aufmerksamkeit, die sich einmal dorthin und einmal dahin wendet, erholt; und er kann sich dann stärker dem Hauptgegenstand des Gespräches zuwenden.'

Es ist eine beschwerliche Kunst, die Kinder durch ihre eigene geistige Arbeit dahin zu bringen, nicht zu finden, was sie natürlicherweise finden würden, sondern das, was der Lehrer will. Dieser sagt jedoch nicht, was er will. Er treibt die Kinder dazu, ‚spontan' ihre Begriffe zu assoziieren – so wie sie der Lehrer assoziiert – und gelangt sogar soweit, dass die Kinder die Definition finden, mit den gleichen Worten, die der Lehrer für sich festgelegt hat, ohne sie zu äußern. Das erweckt

den Eindruck eines Kniffs, eines Taschenspielerkunststückes. Trotzdem war und ist dieses System immer noch gebräuchlich und macht in einigen Fällen die ganze *Kunst* des Lehrers aus."
(Aus: Maria Montessori, „Schule des Kindes", S. 49 ff.)

Seit jeher versucht der Erwachsene das Kind zu formen und sein Leben in richtige Bahnen zu lenken (aus der Sicht eben des Erwachsenen). Irgendwann beginnt dann das Kind zu „rebellieren", es zeigt Auffälligkeiten in seinem Verhalten. Die Schuld dafür wird im Kind gesucht, wenngleich die Ursache viel häufiger beim Erwachsenen zu suchen wäre. Aber, wie Antoine de Saint-Exupéry einmal sagte, die Erwachsenen haben vergessen, dass sie selbst einmal Kinder waren.

Erinnern wir uns doch an unsere eigene Schulzeit. Was hat uns Spaß gemacht, Freude bereitet? Was haben wir regelrecht gehasst, wo haben wir den Zweck mancher Angebote und Methoden begriffen? Ob Eltern und Lehrer, die sich Musterkinder wünschen, selbst alle Musterkinder waren?

Maria Montessori fordert den Lehrer auf, das Kind zum eigenen Denken zu führen, zum Üben der eigenen Tätigkeit. Dazu braucht es großer Selbstdisziplin, Einfühlungsvermögen und Geduld. Dem Erwachsenen muss es also gelingen, das Kind zu fesseln und seine Aufmerksamkeit zu wecken und es damit zur Selbständigkeit und Eigenaktivität führen. Diese Art der Arbeit wird leider heute häufig konterkariert durch sterile und vorstrukturierte Arbeitsblätter und Förderprogramme. Sicher können sich Kinder damit Wissen aneignen. Was aber vernachlässigt wird, ist das kreative Denken, die Stärkung der Selbstentscheidungskräfte, die Chancen und Möglichkeiten des experimentellen Lernens. Der Erwachsene bleibt oft bei seinen bisherigen Methoden, auch wenn er etwas Unbehagen dabei verspürt. Er achtet zu wenig auf die Lernbedürfnisse des Kindes. Es kommt nicht zu notwendigen Änderungen seines Erziehungsverhaltens, sondern viel häufiger zu Resignation und Festhalten an längst überholten Methoden.

Auch die Erziehungswissenschaftler Freya Pausewang und Helmut Hansen weisen darauf hin, wie wichtig es in der heutigen Wissensgesellschaft ist, die Eigeninitiative der Kinder zu fördern:

‚Der Mensch wird sich in Zukunft mit so vielen differenzierten und neuartigen Wissensinhalten auseinander setzen und immer wieder anders geartete Verhaltensmuster aufbauen müssen, dass er seine Handlungen von einem vorher erlernten Repertoire nicht mehr ableiten können wird. Es wird deshalb in Zukunft weniger auf die Speicherung von Lerninhalten ankommen, als vielmehr darauf, sich in den gegebenen Situationen das erforderliche Wissen und Können zu beschaffen. …

Zukünftiges Handeln wird deshalb eine weit stärkere Beweglichkeit von uns verlangen. Es wird darauf ankommen, Gedanken zu entwerfen, aber aufgebaute Denkmuster genau so schnell wieder auflösen und umstrukturieren zu können. Zukünftiges Lernen kann deshalb nicht darauf ausgerichtet sein, Handlungsstrukturen und Handlungssysteme zu lernen, sondern lernen zu lernen. Die natürliche Lernbereitschaft des Kindes wird die zukünftige Lernbasis sein, denn das Kind ist lernbereiter als wir in der Regel annehmen. … So hat das Kind natürlicherweise ein starkes Neugierverhalten, das durch einschränkende pädagogische Maßnahmen im Laufe der Entwicklung in der Regel kanalisiert und begrenzt wird‘ (Aus: Hansen/Pausewang, „Umdenken lernen“, S. 98ff).

2.3 Schulanfang

„... außerdem muss man sich vollständig von dem alten schulischen Grundsatz trennen, nach dem die Fortschritte der Kinder dem Fortschritt des Lernens' entsprechen. Hier muss man mehr oder weniger wie Naturforscher die Entwicklung einiger Phänomene des Lebens beobachten. Sicher ist es wahr, dass besondere äußere Bedingungen vorbereitet werden, aber die psychische Wirkung ist direkt mit der spontanen Entwicklung der inneren Aktivität des Kindes verbunden.

Es besteht also keine direkte Verbindung zwischen dem Lehrer und dem Kind. Der Unterricht ist sicher nicht die Ursache der Wirkungen, die wir beobachten; sondern die Gegenstände des Systems, die als ‚reaktive' besondere psychische Reaktionen hervorrufen, die sich als ein Erwachen, als eine Organisation der Persönlichkeit zusammenfassen lassen. Die Disziplin als die erste Folge einer sich innerlich formenden Ordnung ist das Hauptphänomen, das man als ‚äußeres Zeichen' für eine begonnene innere Arbeit erwartet.

In den ersten Tagen, in denen eine Schule neu eröffnet wird, kann eine anfängliche Unordnung als charakteristisch betrachtet werden, vor allem, wenn die Lehrerin gerade ihre erste Erfahrung macht und daher übertriebene Erwartungen hegt. Es realisiert sich nicht immer jener unmittelbare Bezug zwischen Kind und Material. Die Lehrerin kann durch die Tatsache verwirrt werden, dass sich die Kinder nicht, wie sie erhofft hatte, auf die Gegenstände stürzen und diese nach ihrem Geschmack auswählen. In Schulen mit armen Kindern geschieht dies fast immer sofort; aber bei reichen Kindern, die bereits übersättigt sind von den verschiedensten Gegenständen und den schönsten Spielsachen, üben die dargebotenen

Anregungen selten eine Anziehungskraft aus. Das führt natürlich zur Unordnung dort, wo sich die Lehrerin eine Art Fessel auferlegt aus Pflicht, die ‚Freiheit' zu respektieren, und ein Dogma aus der Entsprechung zwischen Anregung und kindlicher Psyche macht. Die erfahrenen Lehrerinnen hingegen haben besser begriffen, dass die ‚Freiheit' dort beginnt, wo sich das *Leben* anbahnt, das sich dann im Kind entwickeln muss, und besitzen das Taktgefühl, das in der Anfangsperiode die Orientierung sehr erleichtert.

Auf jeden Fall sind die Erfahrungen unter den schwierigsten Bedingungen wie die einer Lehrerin in ihrer ersten Anstellung und mit einer Klasse von reichen Kindern am aufschlussreichsten und vermitteln uns ein klares Bild von dem grundlegenden psychischen Phänomen, das man mit einer aus dem Chaos aufsteigenden Ordnung vergleichen könnte.

Ich zitiere in diesem Zusammenhang verschiedene Berichte, von denen einige veröffentlicht wurden, wie die von Miss George über ihre erste Schule in den Vereinigten Staaten und die von Mlle. Dufresne in England.

Miss George gibt ein sehr beredtes Bild über die anfängliche Unordnung:

‚Sie (die Kinder) rissen sich zu Beginn alle Gegenstände gegenseitig aus den Händen; wenn ich versuchte, einen Gegenstand einem bestimmten Schüler zu zeigen, ließen die anderen fallen, was sie in den Händen hatten, und versammelten sich sinnlos und laut um uns herum. Wenn ich damit fertig war, einen Gegenstand zu erklären, grapschten alle danach und kämpften untereinander, um ihn zu besitzen ... Die Kinder zeigten keinerlei Interesse am Material. Sie gingen von einem Gegenstand zum anderen über, ohne bei einem zu verweilen …" „Ein Kind war so unfähig still zu halten, dass es nicht die notwendige Zeit sitzen bleiben konnte, um mit dem Finger um einen der kleinen runden Gegenstände zu fahren, die wir den Kindern geben. In vielen Fällen hatten die Bewegungen der Kinder keinen Sinn. Sie liefen im Zimmer umher ohne jedes vorher gesetzte Ziel. Bei diesen Bewegungen achteten sie nicht darauf, die Gegenstände zu respektieren. Sie stießen gegen den Tisch, warfen die Stühle um und traten auf das Material; manchmal begannen sie an einer Stelle mit einer Arbeit und liefen dann anderswohin; sie nahmen einen Gegenstand und ließen ihn willkürlich wieder liegen."

Mlle. Dufresne beschreibt folgendermaßen die anfängliche Unordnung ihres ersten Versuches:

‚Ich muss bekennen, dass die ersten vier Wochen entmutigend waren. Die Kinder konnten sich nicht länger als einige Augenblicke auf eine Arbeit konzentrieren; keine Ausdauer, keine Initiative ihrerseits, manchmal liefen sie hintereinander her und verhielten sich wie eine Herde kleiner Schafe; wenn ein Kind einen Gegenstand nahm, wollten es alle nachahmen; manchmal rollten sie sich auf dem Boden und warfen die Stühle um.'

Von einer Erfahrung mit reichen Kindern hier in Rom stammt die folgende lakonische Beschreibung: ‚Die größte Sorge stellte die Disziplin dar. Die Kinder zeigten sich ungeordnet bei der Arbeit und schienen der Anleitung zu widerstreben.'

Diese Personen, die unabhängig voneinander Versuche machten, stellten dann auf gleiche Weise den Beginn der Ordnung fest. Der Vorgang ist immer derselbe: In einem bestimmten Augenblick *interessiert* sich ein Kind *intensiv für eine der*

Übungen. Es ist nicht notwendig, dass es ein bestimmter Gegenstand ist, z. B. der erste des Systems. Es kann irgendein Gegenstand aus der Serie sein, der zutiefst die Aufmerksamkeit des Kindes fesselt. Wichtig ist nicht der äußere Gegenstand, sondern die Tatsache, dass die Seele im Innern auf einen Anreiz reagiert und dabei verweilt."

(Aus: Maria Montessori, „Schule des Kindes", S. 87 ff.)

Kinder freuen sich neugierig auf die Schule. Sie begeben sich auf ein Terrain, das sie noch nicht kennen, aber erforschen wollen. Geleitet werden sie dabei von Neugier und so etwas wie Unruhe. Sie wollen alles kennenlernen. Die Lehrerin muss mit diesem Verhalten umgehen, das keinesfalls als negativ zu bewerten ist. Die Kinder müssen ihren Weg zur inneren Ordnung, zur Konzentration und Ruhe finden. Dies ist aber erst möglich, wenn ihr Forscherdrang fürs erste befriedigt ist. Je weniger die Kinder schon im Kindergarten mit schulischen Inhalten konfrontiert wurden, desto größer ist jetzt ihr Interesse und ihre Eigenaktivität. Das heißt aber nicht, daß Kinder nicht auf die Schule vorbereitet werden sollen. Es geht vielmehr um das Wie, um grundlegende Verhaltensweisen, soziale Fähigkeiten, Selbständigkeit, Konzentration, Ausdauer usw. Hildegard Hetzer formuliert es so: „Wenn Kinder später in der Schule wegen unzureichender Lern- und Leistungsmotivation versagen, ist oftmals als Primärursache das Spielunvermögen im Kleinkindalter zu finden." In den Bildungsplänen für den Elementarbereich wird die Bedeutung der Basiskompetenzen besonders hervorgehoben. „Als Basiskompetenzen werden grundlegende Fertigkeiten und Persönlichkeitscharakteristika bezeichnet, die das Kind befähigen, mit anderen Kindern und Erwachsenen zu interagieren und sich mit den Gegebenheiten in seiner dinglichen Umwelt auseinanderzusetzen“

(Aus: Der bayerische Bildungs- und Erziehungsplan für Kinder in Tageseinrichtungen bis zur Einschulung, S. 55).

Personale, motivationale, kognitive, physische, soziale, lernmethodische Kompetenzen, Widerstandsfähigkeit, demokratische Teilhabe etc. müssen gleichbedeutend nebeneinander stehen. Eine einseitige Förderung wäre für das Kind nicht zuträglich.

Das ganze Vorschulalter muss demnach von einem ganzheitlichen Erziehungskonzept geprägt werden, bei dem den primären kindlichen Bedürfnissen nach Bewegung, Spiel, Kommunikation mit Gleichaltrigen, freiem Gestalten, eigenem „Lerntempo“ Rechnung getragen wird. Vielfach werden leider in den Kindergärten schulische Techniken vorgezogen und die Entfaltung z. B. der kindlichen Motorik kommt zu kurz. So muss großflächigem Malen Priorität eingeräumt werden und nicht Schreibübungen in Heften, freies Gestalten, der eigenen Phantasie freien Lauf lassen, ist wichtiger, als Ausmalen oder Ankreuzen in Malbüchern und auf Arbeitsblättern. Der Sinnesschulung muss der Vorrang vor Vorschulmappen eingeräumt werden. Ganzheitliches Lernen, bei dem das Riechen, Tasten, Hören, Sehen, Schmecken, im Vordergrund stehen, bringt Erfahrungswerte, die dann im späteren Schulunterricht abstrahiert und verallgemeinert werden können. In einem Elternabend zu einem derartigen Thema erklärte eine Mutter: „Ich brauche die Birne nicht zu probieren. Ich weiß wie Birnen schmecken, alle gleich.“ Sie ließ sich dann doch zum Probieren verschiedener Früchte überreden und war erstaunt über die ähnlichen und doch so unterschiedlichen Geschmacksrichtungen.

Ähnlich bei „schreibvorbereitenden“ Übungen. Welches Erstaunen, als ich Eltern aufforderte, größere Mengen Papiermaché zuzubereiten. Die Eltern rissen Zeitungspapier in kleinste Stückchen und zerkneteten es mit Kleister. Einige Mütter und Väter „jammerten“ über die Anstrengung. Was hätten sie besseres tun können für die Hand- und Armmuskulatur und damit die Feinmotorik und damit für die Vorbereitung der Hände auf das Schreiben?! „Ach so, deshalb lassen Sie die Kinder das immer machen oder auch viel mit Knete oder Salz-Mehlteig arbeiten“, bemerkte eine Mutter.

2.4 Arbeit des Kindes an einem Vormittag

„Im Folgenden ist der Verlauf einer individuellen disziplinierten Arbeit an einem Vormittag dargestellt.

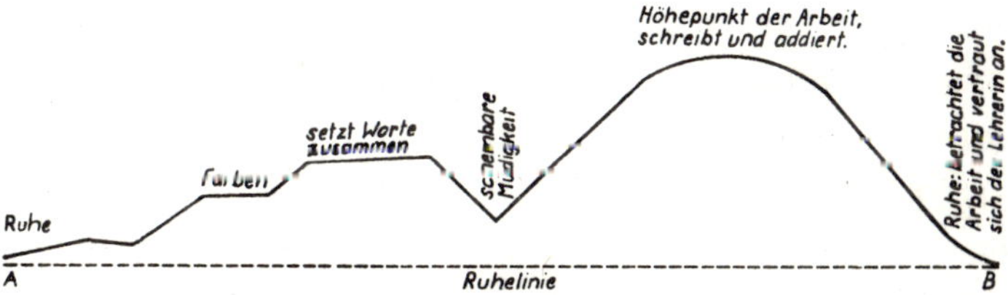

Einfache Kurve der geordneten Arbeit

Das Kind bleibt einige Zeit ruhig, dann wählt es eine für es einfache Arbeit, wie die Abstufung der Farben; es verbleibt dabei, aber nicht sehr lange; dann geht es zu einer schwierigeren Arbeit über, wie die, Worte mit dem beweglichen Alphabet zusammenzufügen, und bleibt lange Zeit beharrlich dabei (ungefähr eine halbe Stunde). Danach hört das Kind auf zu arbeiten, schlendert durch den Raum und erscheint weniger ruhig; und auf den ersten Blick scheint es Zeichen der Müdigkeit aufzuweisen. Aber nach einigen Minuten schickt es sich zu einer sehr viel schwierigeren Arbeit an und beharrt mit einer solch intensiven Aufmerksamkeit dabei, die beweist, dass es sich auf dem Höhepunkt seiner Aktivität befindet (Additionen machen und diese aufschreiben). Nachdem diese Arbeit beendet ist, hört seine Aktivität mit Zeichen der Freude auf, und es betrachtet lange die eigene Arbeit. Dann nähert es sich der Lehrerin zu vertraulichem Gespräch. Das Kind zeigt einen ausgeruhten, erleichterten und zufriedenen Ausdruck.

Interessant ist die scheinbare Müdigkeit, die sich zwischen der ersten und der zweiten Arbeitsperiode zeigt. In diesem Augenblick ist der Ausdruck des Kindes nicht ruhig und erleichtert wie zum Schluss der Kurve. Im Gegenteil, es ist eher unruhig, bewegt sich, geht umher, aber es stört die anderen nicht. Man könnte sagen, es sucht nach der tiefsten Befriedigung seines Interesses, es bereitet sich auf die ‚große Arbeit' vor.

Wenn hingegen der *Zyklus vollendet* ist, löst sich das Kind zufrieden und gestärkt von seiner inneren Konzentration und verspürt höhere soziale Impulse, wie den, sich jemandem anzuvertrauen, sich in innige Kommunikation mit anderen Seelen zu setzen. Ähnlich wird mit der Zeit die allgemeine Handlungsweise einer ganzen, schon disziplinierten Klasse.

Fräulein Maccheroni fasst diesen komplexen Vorgang folgendermaßen zusammen:

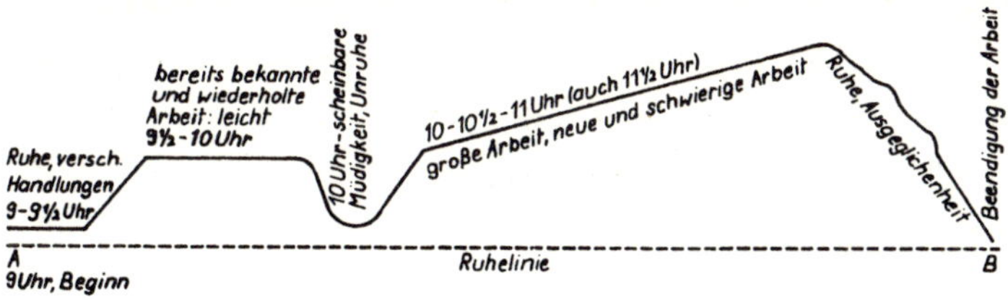

Die ganze Klasse bei der Arbeit

In den ersten Morgenstunden, ungefähr bis 10 Uhr, wird allgemein eine bereits bekannte und leichte Arbeit gewählt.

Um 10 Uhr gibt es eine Weile ein großes Hin und Her; die Kinder sind unruhig, arbeiten nicht und sind auf der Suche nach Gegenständen. Die Klasse macht einen *müden* Eindruck und beginnt ungeordnet zu sein. Nach wenigen Minuten ist die perfekteste Ordnung eingetreten, und die Kinder sind sogleich in eine intensive Arbeit vertieft; sie haben eine neue und schwierige Beschäftigung ausgewählt.

Wenn sie mit dieser Arbeit aufhören, sind die Kinder fröhlich, freundlich und ruhig. Sollte in der Zeit scheinbarer Müdigkeit gegen 10 Uhr eine unerfahrene Lehrerin das Phänomen des Aufhörens oder die Vorbereitung auf die große Arbeit als Unordnung deuten und die Klasse anrufen, sich ‚ausruhen lassen' usw., dann wird die Unruhe fortdauern und sich die darauf folgende Arbeit nicht organisieren. Die Kinder sind nicht ausgeglichen. Es verbleibt in ihnen ein unnormaler Zustand; d. h., sie werden in ihrem Zyklus unterbrochen und verlieren alle Eigenschaften, die *mit einer regelmäßigen und vollständig erfüllten inneren Tätigkeit verbunden sind.*

Die *Kurve* der individuellen geordneten Arbeit kann nicht verallgemeinert werden, noch ist der beschriebene

Typ unabänderlich konstant. Aber sie kann bei erreichter Ordnung als *Durchschnittstyp* der Arbeit betrachtet werden. Interessant wird es aber vor allem sein, die Kurve der *noch nicht geordneten Kinder* zu betrachten. Die armen Kinder zeigen fast nie jenen Zustand vollständiger Konfusion, in dem sich die reichen Kinder befinden. Die armen Kinder sind *immer* mehr oder weniger von den Gegenständen angezogen und zeigen vom ersten Augenblick an ein gewisses Interesse. Zu Beginn ist dieses Interesse jedoch oberflächlich. Sie sind eher durch die Neugier und durch den Wunsch, ‚schöne Dinge' in den Händen zu haben, angezogen. Es ist richtig, dass sie sich einige Zeit den einzelnen Gegenständen widmen, sie austauschen und neu wählen; aber noch ohne Entwicklung eines tieferen Interesses. Diese Periode, die in einer Klasse reicher Kinder völlig fehlen kann, ist eine *Alternative zur Unordnung*. Hier eine graphische Darstellung davon:

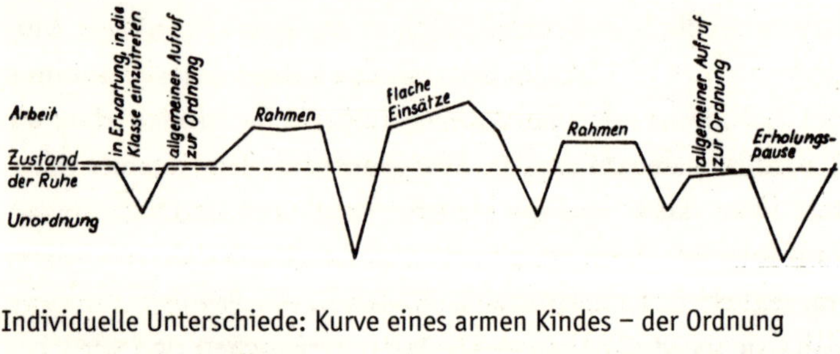

Individuelle Unterschiede: Kurve eines armen Kindes – der Ordnung vorausgehendes Stadium.

Im Zustand der Unordnung finden sich die verschiedenen Arbeitskurven unterhalb der Ruhelinie. Nur bei einem Aufruf zur kollektiven Ordnung *bleibt* das Kind ruhig, wenn es sich nicht zu einer Arbeit aufrafft. In diesem Fall beharrt das Kind jedoch nicht bei der Arbeit, und die Kurve fällt sofort wieder ab. Es ist beachtenswert, wie man in dem unregelmäßigen Verlauf dieser graphischen Darstellung eine Zeit leichter Arbeit erkennen kann, die der Zeit einer schwierigen Arbeit vorausgeht (Rahmen, flache Einsätze) und zwischen beiden Perioden den tiefen Abfall in die Unordnung.

Arbeitskurve eines sehr armen, fast gänzlich von seien Eltern vernachlässigten und störenden Kindes – Stadium der Unordung.

Das betreffende Kind scheint die Tendenz zu haben, von anderen zu lernen; es meidet die Arbeit oder verweilt nur kurze Zeit dabei; und es scheint keine direkte Belehrung zu vertragen. Wenn man versucht, es etwas zu lehren, schneidet es eine Grimasse und läuft weg. Es läuft herum, stört seine Gefährten und scheint unzugänglich zu sein; aber es folgt aufmerksam den Lektionen[3], die die Lehrerin den anderen Kindern erteilt.

---

[3] Hier spricht Montessori von ihren „Lektionen" der Einführung in ein Material usw.; diese ganz kurzen Unterweisungen werden hauptsächlich einzelnen Kindern oder kleinen Gruppen erteilt.

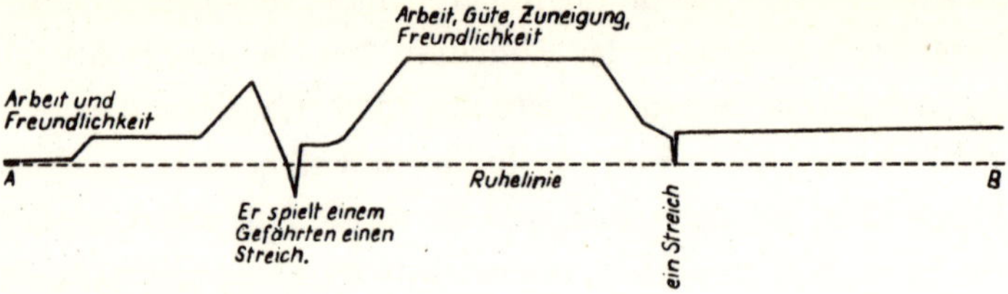

Der Ordnung entgegen.

Wenn es in eine Arbeit eingetreten ist, die es *zuvor gelernt hat*, bleibt es dabei. Man erkennt dies am normalen Verlauf der Kurve; d. h. eine Anfangsarbeit, eine Pause (in der das Kind leicht und vorübergehend in seinen Fehler verfällt, die Kameraden zu stören), dann die Kurve der großen Arbeit und die Erholung zum Schluss (wo sich ebenfalls ein Rückfall in seinen Fehler wiederholt). Auf der Höhe der Kurve ist das Interesse von einer großen Güte begleitet. Das Kind ist nicht nur heiter, sondern hat einen außerordentlich glücklichen und lieben Ausdruck; auf dem Höhepunkt der Arbeit schaut es oft zu seinen Gefährten und schickt ihnen kleine Kusshändchen zu, ohne aber seine intensive Aufmerksamkeit zu unterbrechen. Man könnte meinen, dass in der Fülle seiner inneren Befriedigung aus der Tiefe seiner anfänglich so rauh erscheinenden Seele eine Quelle der Liebe entspringt.
Die graphische Darstellung besteht aus einer Reihe von Bogen, die auf die Ruhelinie zurückfallen. Es fehlt die Einheit der Kurve und damit die Einheit der Anstrengung. Der Arbeitshöhepunkt folgt auf eine vorhergehende leichtere Arbeit; und die Übung selbst (Farben) wird, nachdem der große Schwung erschöpft ist, kurz wieder aufgenommen. Die Ruhepause ist nicht entschieden, und das Kind beginnt wieder mit

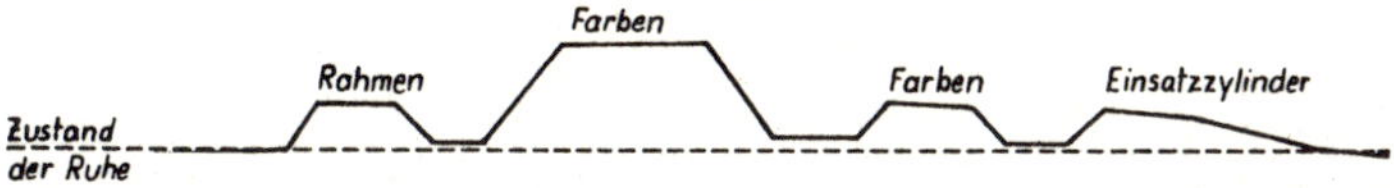

Arbeitskurve eines schwachen Kindes.

einer sehr einfachen Arbeit (Einsatzzylinder). Man könnte sagen, dass sich durch den inneren, unvollständigen und unentschlossenen Impuls ein schwacher Charakter offenbart. Das Kind vollbringt hintereinander viele Anstrengungen, um sich zu erheben; aber es gelingt ihm nicht, den großen Anlauf zu nehmen, noch mit der Arbeit aufzuhören. Das Kind ist ruhig, aber seinem Ruhezustand folgt kein Aufschwung; es ist weder unruhig noch heiter, noch zeigt es starke Gefühlsäußerungen.
(Aus: Maria Montessori, „Schule des Kindes", S. 96 ff.)

Während mehrwöchiger Hospitationen in Montessori-Schulen in Deutschland und in den Niederlanden lernte ich, die Beobachtung der Kinder neu zu bewerten. Es ging dabei nicht um das Verhalten bzw. die Ergebnisse, die Kinder beim Spiel oder beim Lernen im Unterricht erreichten, sondern um den Ablauf des Vormittags und die daraus möglicherweise zu ziehenden Konsequenzen.

Die Waagerechte bei den Grafiken zu den Montessori-Texten auf den vorausgegangenen Seiten bedeutet die Ruhelinie. Alles was oberhalb dieser Linie liegt, wird als geordnete Arbeit bezeichnet, was darunter liegt, als ungeordnete Arbeit. Gut ist es, wenn man die Ruhelinie mit einer Zeitskala versieht, denn so kann man festhalten, wie viele Minuten das

Kind jeweils zu ruhiger Arbeit bzw. zu einer bestimmten Tätigkeit findet, wann seine Konzentration nachlässt, die Arbeit ungeordnet wird und vielleicht eine Bewegungspause angesagt wäre. Auch wird festgehalten, welche Materialien besondere Ausdauer und Konzentration hervorrufen oder welche das Kind zu einem Versuch reizen (es aber dabei eventuell unter- oder überfordern), der jedoch nur kurz andauert. Die Lehrerin kann aus dieser Beobachtung Konsequenzen ziehen für die Strukturierung des Alltags, für die Gestaltung von Pausen oder für notwendige Hilfestellungen. Besonders interessant ist es auch zu beobachten, mit welcher Zufriedenheit sich das Kind nach einer vollendeten Arbeit löst oder entspannt und welche Aktivität es in der Folge auswählt.

Derartige Beobachtungen können auch in der Familie gemacht werden und manch interessanten Impuls für die häusliche Erziehung geben. Da solche Kurven für jedes Kind in einer Klasse angelegt werden, können sie auch wichtige Informationen für Elterngespräche geben. So kann es sein, dass einzelne Kinder konzentriert und erfolgreich arbeiten, aber nach ca. einer Stunde eine gewisse Ruhepause brauchen oder ins Träumen geraten. Andere haben eine lange Anlaufzeit bis sie den Höhepunkt der Konzentration erreichen. Wieder andere stürzen sich sofort in die Arbeit, doch lässt bereits nach kurzer Zeit die Energie nach. Das Kind wird durch zu hohe Erwartungen an sich selbst (und durch Erwachsene) demotiviert. Hier ist dann die Lehrerin gefragt. Dabei gilt es, der Forderung des Kindes „Hilf mir, es selbst zu tun!“ zu entsprechen.

2.5 Der Verlauf des Fortschritts

„Wenn die ganze Klasse sich geordnet hat, kann man eine fortschreitende Entwicklung der inneren Aktivitäten beobachten.

Man muss bedenken, dass das Entwicklungsmaterial aus abgestuften Übungen besteht, die von den einfachsten Sinnesübungen bis zu den Schreib-, Rechen- und Leseübungen gehen. Die Kinder sind frei, die Übung zu wählen, die sie wollen; da ihnen aber jede Übung von der Lehrerin gezeigt wird, wählen sie natürlich nur die Gegenstände, deren Gebrauch ihnen bekannt ist. Die Lehrerin, die die Kinder beobachtet, merkt, wenn ein Kind für höhere Übungen reif ist, und zeigt sie ihm; oder das Kind beginnt selbst damit, indem es andere, fortgeschrittenere beobachtet.

Diese Bedingungen müssen beachtet werden, um den „Fortschritt“ in der Arbeit zu verfolgen.

Die beiden Kurven stellen Stadien höherer Entwicklung im Vergleich zur ursprünglichen Kurve der geordneten Arbeit dar. Die Tendenz geht dahin, dass das Unruhestadium zwischen den kleinen und der großen Arbeit ausgeschaltet wird; das Kind scheint *seiner selbst sicherer zu sein*; es geht direkter und leichter zur Wahl seiner schwersten Arbeit über.

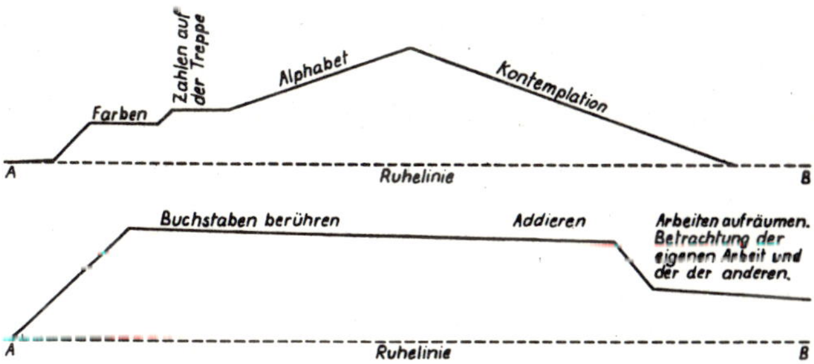

Es verbleiben also zwei aufeinander folgende Phasen ununterbrochener Arbeit; die eine könnte man die *Phase der Einübung* und die andere die *Phase der großen Arbeit* nennen. Die Arbeit der *Einübung* ist viel kürzer, während die *große Arbeit* viel länger dauert; man beachte, dass die *Pause* mit ihren Zeichen von *Erleichterung* und *Ausgeglichenheit* folgt, nachdem die *größte Anstrengung sich spontan erschöpft hat*. Es bleibt jedoch immer das Faktum bestehen, dass das Kind Zeichen der Müdigkeit zeigt (Unruhe), wenn die Anstrengung unterbrochen wird; oder besser, es wird unaufmerksam.

In der ersten Kurve besteht die Tätigkeit der *Einübung* aus zwei einfachen Arbeiten, die kurze Zeit dauern; von diesen wird direkt zur *großen* Arbeit übergegangen. Der Schluss besteht aus einer *gedankenvollen Pause*; das Kind hört auf zu arbeiten, aber betrachtet lange still die vollbrachte Arbeit, bevor es sich entschließt, sie wegzulegen. Oder nachdem es seine eigene Arbeit betrachtet hat, geht es ruhig zu den anderen und betrachtet deren Arbeit.

Die zweite Kurve läuft mit der Ruhelinie fast parallel. Das Kind verbleibt fast gleichförmig bei der Arbeit, und der einzige Unterschied zwischen der *Einübung* und der *großen Arbeit* liegt in der Dauer. Die kontemplative Periode wird nun offensichtlich eine ‚Periode innerer Arbeit', fast eine Periode der ‚Assimilation' oder der ‚inneren Reifung'. In dieser Periode beobachtet das Kind immer öfter die Arbeit der anderen wie ein spontanes ‚Vergleichsstadium' zwischen sich und den Gefährten; d. h., es entwickelt sich ein aktives Interesse an der Betrachtung der äußeren ‚Umwelt': die Periode der Entdeckungen. Man kann sagen: *Das Kind studiert sich selbst in seinen eigenen Werken und setzt sich in Beziehung mit seinen Gefährten und der Umwelt.*

Nun übt die ‚Vollendung' eines vollen Zyklus einen immer größeren Einfluss auf die Persönlichkeit des Kindes aus. Es fühlt sich sofort nach der *großen Arbeit* nicht nur zu einer inneren Konzentration hingezogen, sondern behält schließlich für immer die Haltung des Denkens, des inneren Gleichgewichts, einer dauernden Aufmerksamkeit seiner Umgebung gegenüber. Damit wird es zu einer Persönlichkeit und hat eine höhere Stufe erreicht. Das ist die Zeit, in der das Kind beginnt, ‚Herr seiner selbst' zu werden, und in der sich jenes so charakteristische Phänomen einstellt, das ich als das des ‚Gehorsams' bezeichnet habe. Das Kind *kann gehorchen*; d.h., es ist Herr über seine Handlungen und kann sie daher je nach dem Wunsch einer anderen Person *lenken*. Es kann eine Arbeit unterbrechen, ohne dadurch unter Unausgeglichenheit und Müdigkeit zu leiden. Außerdem ist die Arbeit eine konstante Gewohnheit geworden, und das Kind kann nun nicht mehr *müßig bleiben*. Wenn wir z.B. einige Kinder, die sich in diesem Stadium befinden, in die Unterrichtsstunden des Lehrerinnenseminars kommen lassen, wo sie als ‚Studienobjekte' dienen, machen die Kinder fügsam das, was man von ihnen verlangt; sie lassen die Größe und den Kopf messen; sie sind bereit, die von ihnen verlangten Übungen durchzuführen und zeigen dabei *Interesse* und keine Ermüdung, fast als wären sie sich bewusst, mit uns zusammenzuarbeiten. Aber wenn sie beiseitesitzen müssen und darauf *warten, nützlich* zu sein, können sie nicht müßig bleiben, sondern sie müssen arbeiten. Die *Untätigkeit* wird unerträglich. Oft, während ich unterrichtete, nahmen die Kleinen die Knüpfrahmen oder bedeckten förmlich den ganzen Boden mit dem beweglichen Alphabet, indem sie Worte zusammensetzten; dort, wo es möglich war, zeichneten oder malten die Kinder in diesen Wartezeiten mit Wasserfarben.

All diese Dinge sind nun bereits Ausdruck einer intelligenten Aktivität und sind Teil ihres psychischen Organismus.

Aber damit diese Neigung verbleibt und damit die Persönlichkeit in ihrer Entwicklung fortschreitet, ist es notwendig, dass täglich *eine wirkliche Arbeit* vollbracht wird. Aus dem ‚vollständigen Zyklus einer Arbeit', aus der methodischen ‚Konzentration', leitet sich das Gleichgewicht, ‚die Elastizität', die Anpassungsfähigkeit ab und somit die Möglichkeit höherer Akte, wie die des ‚Gehorsams'.

Das erinnert an die Ratschläge, die die katholische Kirche gibt, um die Kraft des geistigen Lebens zu erhalten; d. h., einer Zeit ‚innerer Konzentration' folgt die Möglichkeit, über ‚moralische Kräfte' zu verfügen. Die moralische Persönlichkeit muss aus der methodischen ‚Meditation' ihre festigenden Kräfte nehmen, ohne die der *innere Mensch* zersplittert und unausgeglichen ist, nicht Herr seiner selbst sein und nicht für edle Zwecke über sich selbst verfügen kann.

Die Kinder ‚benötigen' immer eine Periode der Konzentration und eine Zeit der ‚großen Arbeit', woraus ihnen die Möglichkeit zur weiteren Entwicklung erwächst.

Hier eine graphische Darstellung, die ein sehr hohes Stadium des Kindes darstellt:

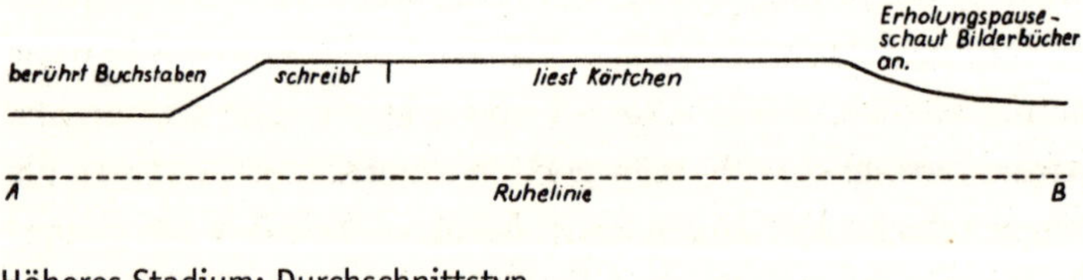

Höheres Stadium: Durchschnittstyp.

Bereits die *Einübungsarbeiten* sind gehobener Art. Sobald das Kind in die Schule kommt, wählt es z. B. das Alphabet oder schreibt, dann kommt die große Arbeit: Es liest. In der Erholungspause sucht es sich eine intelligente Beschäftigung: Es schaut Bilderbücher an."

(Aus: Maria Montessori, „Schule des Kindes", S. 101 ff.)

Beobachtet die Lehrerin die Kinder genau, so kann sie feststellen, wann ein Kind für „höhere Übungen reif ist". Hier wird deutlich, dass im Unterricht nach Methoden Maria Montessoris vom einzelnen Kind ausgegangen wird und nicht von einer Vorbereitung für die Klasse als Ganzes. So werden das Lerntempo und das Lernniveau in einer Montessori-Klasse auch sehr große Unterschiede aufweisen, die sich jedoch immer wieder verändern und ausgleichen. Eine Rolle spielt dabei die jeweilige sensible Periode des einzelnen Kindes für ein bestimmtes Material bzw. für ein bestimmtes Fachgebiet. Die Lehrerin beobachtet und hilft dem Kind bzw. führt es zu einem Material hin, wenn es einen Bereich vernachlässigt. Dabei ist die Ursachenforschung (eben wieder die Beobachtung) wichtig. Vielleicht war das angebotene mathematische Material doch noch zu schwierig oder eine elementarere Zugangsweise notwendig.

Während meiner Hospitation an einer niederländischen Montessori- Schule machte ich die Erfahrung, dass in einer zweiten Klasse der Mathematikstoff von beinahe vier Jahren bearbeitet wurde. So kam keine Langeweile auf, weil Kinder, die das notwendige Niveau fur die zweite Klasse schon erreicht hatten, eben weitergehen konnten. Vielleicht wird hier auch nochmals deutlich, dass die Lehrerin eben eine ganz andere Rolle einnimmt als in unserer tradierten Regelschule. Sie koordiniert die Vermittlung von Lerninhalten, die Kinder wählen aber weitgehend selbst und bestimmen ihr Lerntempo. Das mag Sie als Eltern beim Lesen verunsichern, denn Sie fragen sich, „wenn mein Kind nun keine eigene Motivation hat, nichts tut"? Hier leitet die Lehrerin an bzw. führt das Kind zu den einzelnen Materialien hin. Dann wirkt das Material. Eltern, die sich für eine Montessori-Schule für ihr Kind entschieden haben, müssen sich zwingend mit dem Material und den Grundprinzipien Maria Montessoris auseinandersetzen, wenn sie den (Lern-)Alltag in ihrer Schule verstehen und die Lernfortschritte ihres Kindes richtig bewerten wollen.

Die Vollendung einer Arbeit führt das Kind zur Zufriedenheit, Konzentration, innerer und äußerer Ruhe. Das Kind wird, wie Maria Montessori sagt, „Herr seiner Handlungen".

Wenn Sie als Eltern verunsichert sind in Bezug auf das Lernen in einer Montessori-Klasse, dann suchen Sie das Gespräch mit der Lehrerin. Messen Sie die Lernergebnisse Ihres Kindes nicht mit denen von Kindern in der gleichen Klasse in einer Regelschule. Dieser Vergleich geht nicht auf.

2.6 Anleitung zu psychologischen Beobachtungen

„*Arbeit* – Notieren, wann ein Kind beginnt, konstant bei einer Arbeit zu bleiben.

- Welche Arbeit es wählt und wie lange es sich damit beschäftigt (Dauer der Durchführung oder Wiederholung der gleichen Übung.)
- Individuelle Besonderheiten in der Art der Durchführung der einzelnen Arbeiten.

- Welchen Arbeiten es sich nacheinander am gleichen Tag und mit welcher Ausdauer widmet.
- Ob es Zeiten spontaner Arbeitsamkeit aufweist und durch wie viele Tage hin.
- Wie sich das Bedürfnis, Fortschritte zu machen, offenbart.
- Welche Arbeiten es in ihrer Stufenfolge wählt und sich ihnen mit Ausdauer widmet.
- Ob es Ausdauer zeigt, obwohl Anreize in der Umgebung dahin tendieren, seine Aufmerksamkeit abzulenken.
- Ob es nach einer gewaltsamen Ablenkung die unterbrochene Arbeit wieder aufnimmt.

Verhalten – Den Zustand der Ordnung oder der Unordnung in den Handlungen des Kindes notieren.
- Seine ungeordneten Handlungen.
- Notieren, ob Verhaltensänderungen während des Ablaufs der Arbeitsvorgänge stattfinden.
- Notieren, ob bei der Festigung der Ordnung der Handlungen folgendes auftritt:
- Freudenausbrüche,
- Zustände der Ausgeglichenheit,
- Äußerungen der Zuneigung,
- Anteil der Kinder an der Entwicklung der Gefährten.

Gehorsam – Notieren, ob das Kind der Einladung folgt, wenn es gerufen wird.
- (Notieren, wann das Kind mit einsichtiger Bemühung beginnt, Anteil an der Arbeit anderer zu nehmen.
- Das Sich-Festigen des Gehorsams auf Anrufe notieren.)
- Das Sich-Festigen des Gehorsams auf Befehl notieren.
- Notieren, wann es freiwillig und freudigen Gehorsam zeigt.

- Die Beziehungen der verschiedenen Gehorsamsphänomene in ihren Stufen notieren:
  a) zu der Entwicklung der Arbeit;
  b) zu den Verhaltensänderungen."

(Aus: Maria Montessori, „Schule des Kindes", S. 118 ff.)

Lesen Sie diese Beobachtungstipps Montessoris aufmerksam durch und versuchen Sie zu vergleichen, nach welchen Kriterien Sie Ihr Kind bisher beobachtet haben. Liest man Beobachtungsniederschriften von Lehrern und Erziehern, so beziehen sie sich häufig fast ausschließlich auf das Beschreiben von negativen Verhaltensweisen. Gehorsam und korrekte Aufgabenerledigung wird als Selbstverständlichkeit betrachtet und deshalb nicht aufnotiert. Wie aufschlussreich kann dagegen eine Beobachtung der Verhaltensänderung eines Kindes während eines Arbeitsvorgangs sein. Mit Freude hat es begonnen. Plötzlich wird es unruhig, wiederholt einige Schritte immer wieder, erreicht keinen befriedigenden Erfolg, die Arbeit wird unruhig, das Kind bricht ab. Die beobachtende Lehrerin hat erkannt, dass ein Zwischenschritt für das Kind noch zu schwierig war. Sie reagiert, indem sie das Kind zu einem Material oder zu einer einfachen Stufe eines Materials hinführt, mit dem das Kind durch Übung die höhere Stufe erreichen kann. Sie hilft damit dem Kind, ohne es jedoch zu strafen, zu schimpfen oder zu verbessern. Sie zeigt dem Kind den Weg, selbst die Lösung zu finden und entspricht wiederum der Forderung des Kindes „hilf mir, es selbst zu tun!"

„Wenn also die Pädagogik zu den Wissenschaften zählen will, muss die Methode sie kennzeichnen; und die Lehrerin muss sich durch die Methode und nicht durch den Inhalt vorbereiten.

Und schließlich muss sie sich mehr durch *Eigenschaften* als durch *Bildung* auszeichnen.

Die grundlegende Eigenschaft liegt in der Fähigkeit zu ‚beobachten', einer so wichtigen Eigenschaft, dass sich die positiven Wissenschaften auch ‚Beobachtungswissenschaften' nannten. Diese Benennung wurde dann in ‚Experimentalwissenschaften' umgeändert für die Wissenschaften, bei denen zur Beobachtung auch der Versuch kommt. Zur Beobachtung reichen offensichtlich Sinne und Kenntnis nicht aus: Es ist eine Haltung, die man durch *Übung* entwickeln muss. Wenn wir einen Laien die Einzelheiten eines Sterns durch das Teleskop oder die Einzelheiten einer Zelle durch das Mikroskop beobachten lassen wollen, wird er nichts erkennen, so sehr wir auch versuchen ihm zu erklären, was er ‚sehen muss'. Wenn z. B. Leute, überzeugt von der großen Entdeckung von De Vries, in sein Laboratorium kommen, um die Veränderungen der verschiedenen Pflänzchen der Aenothera zu sehen, erklärt De Vries oft vergebens die minimalen, aber wesentlichen Unterschiede, die Beweis sind für neue Arten unter den eben erst keimenden Pflänzchen. Es ist bekannt, dass man dem Publikum neue Entdeckungen durch die Darstellung der gröbsten Fakten erklären kann. Es kann die feinen Details nicht würdigen, die das wahre Wesen der Entdeckung ausmachen. Denn es kann nicht beobachten.

Zur Beobachtung muss man ‚angeleitet' werden; und darin liegt die wahre Einführung in die Wissenschaft. Denn wenn die Vorgänge nicht *gesehen* werden, ist es, als ob sie nicht bestünden. Die *Seele des Wissenschaftlers* hingegen ist ganz erfüllt von einem leidenschaftlichen Interesse für das, was er sieht. Wer gelernt hat zu sehen, beginnt sich zu interessieren. Und dieses Interesse ist die *Antriebskraft*, die den wissenschaftlichen Geist erzeugt. Wie für das kleine Kind das innere *Sich-Ordnen* der Kristallisationspunkt ist, um den sich dann die gesamte psychische *Form* bilden wird, ist für die Lehrerin das *Interesse am beobachteten Phänomen* das Zentrum, um das sich von selbst ihre ganze neue Personalität *bilden wird.*

Die Eigenschaft der Beobachtung schließt in sich andere, geringere Eigenschaften ein, wie die der *Geduld*. Im Vergleich zum Wissenschaftler scheint der Laie nicht nur wie ein Blinder zu sein, der weder mit bloßem Auge noch mit Hilfe von Gläsern sieht, sondern er erscheint wie ein ‚ungeduldiger' Mensch."

(Aus: Maria Montessori, „Schule des Kindes", S. 125 ff.)

Maria Montessori fordert die Lehrerin auf, sich durch die Methode und nicht durch den Inhalt vorzubereiten. Dieser Weg sollte Eingang finden in die Didaktik des Schulunterrichts, in die Aus- und Fortbildung von Lehrern. Durch welche Methode kann ich welchen Stoff erfahrbar machen, vermitteln, Lernprozesse anregen, so muss die Devise lauten. „Wer gelernt hat zu sehen, beginnt sich zu interessieren", sagt Maria Montessori. Wie fördern wir aber in der Familie und in der Schule das Sehen unserer Kinder? Verhindern wir es nicht viel häufiger als wir es zulassen? Dequalifizieren wir das Sehen des Kindes nicht viel zu häufig als mangelnde Konzentration, als Ablenkung vom Eigentlichen?

Das Kind sieht etwas, beobachtet etwas. Wir haben ein Ziel und dazu passt dieses Verhalten des Kindes einfach gerade nicht. Wir wollen es auf seine (von uns vorgegebene) Aufgabe konzentrieren. Es gelingt uns nicht. Auch wenn das Lerntempo bei Anwendung der Montessori-Methode oft langsamer erscheint, Kinder lernen und erreichen am Ende das gleiche Ziel. Sie gehen aber andere Wege und werden begleitet durch andere Methoden.

Ob so manche dieser Methoden, wie zum Beispiel die Beobachtung und die Vorbereitung der Umgebung nicht zu einer Bereicherung der Regelschule führen könnten? Andere Methoden zulassen darf nicht als Kritik verstanden werden, sondern als Weiterentwicklung. Weiterentwicklung ist aber wiederum nur möglich, wenn Tradiertes reflektiert wird, Teile davon auch verlassen, eben zugunsten aktueller Bedürfnisse und Notwendigkeiten durch andere Methoden ersetzt werden. Auch Freya Pausewang und Helmut Hansen betonen die Bedeutung solcher Ansätze:

‚Wenn wir das Kind dazu befähigen wollen, als Erwachsene den zunehmenden Problemen besser gewachsen zu sein als wir heute, gehören Beobachtungsfähigkeit, Aufgeschlossenheit und Kritikbewusstsein unbedingt zu den Grundqualifikationen, die es bereits in seiner Kindheit erwerben muss. Es muss später in der Lage sein, Veränderungen in seiner Umwelt wahrzunehmen und ihnen Einhalt zu gebieten, bzw. Gegenmaßnahmen zu entwickeln und deren Auswirkungen zu verfolgen‘

(Aus: Hansen/Pausewang, „Umdenken lernen“, S. 103).

Durch die Art, wie wir die Umgebung für die Kinder vorbereiten, steuern wir seine Entwicklung. Der Erwachsene ist also gefordert, in Stille zu agieren, zurückzutreten, wenn er den Weg vorbereitet hat. Das Kind muss ihn selbst gehen. Zweigt es ab, sucht es andere Wege, dann können wir eine solche Entscheidung nur beobachtend begleiten. Wir selbst müssen unser Verhalten immer aufs Neue reflektieren und so entscheiden, ob wir den richtigen Einfluss auf die Umgebung genommen haben.

2.7 Die Umgebung

„Außer der Lehrerin muss auch die *Umgebung Schule* umgeformt werden. Die Einführung des ‚Entwicklungsmaterials' in eine gewöhnliche Schule kann nicht die ‚ganze' äußere Erneuerung darstellen. Die Schule muss der Ort werden, wo das Kind in seiner Freiheit leben kann; und seine Freiheit kann nicht nur jene innere, geistige des inneren Wachstums sein. Der ganze kindliche Organismus, von seiner physiologisch vegetativen Seite bis zu seiner Bewegungsaktivität, muss die ‚besten Entwicklungsbedingungen' vorfinden. Dies schließt all das ein, was die physische Hygiene bereits zur Unterstützung des kindlichen Lebens gefunden hat. Kein Ort ist angebrachter als diese Schulen, um eine Reform der *Kinderkleidung* zu bestimmen und zu verbreiten. Diese Kleidung müsste verschiedenen Notwendigkeiten entsprechen wie zum Beispiel der Sauberhaltung oder der Einfachheit, um die Bewegungen nicht zu behindern, und sie müsste so gefertigt sein, dass es dem Kind möglich ist, sich selbst anzuziehen. Es gibt auch keinen besseren Ort, um die Kinderhygiene in Bezug auf die Ernährung zu verwirklichen und zu verbreiten. Die Öffentlichkeit muss von der Wirtschaftlichkeit dieser Dinge überzeugt werden; man muss zeigen, dass die Eleganz und die Sauberkeit an sich nichts kosten, im Gegenteil, sie erfordern nur die Einfachheit, das Maß, und schließen all den so kostspieligen Überfluss aus. (Das wäre ein Werk sozialer Erneuerung.)

Das gilt vor allem, wenn sich die ‚Kinderhäuser', wie in der Anfangszeit, innerhalb der Mietskasernen befinden, wo auch die Eltern wohnen.

Die Räumlichkeiten einer freien Schule müssen besonderen Anforderungen entsprechen: Die psychische Hygiene beeinflusst sie, wie es bereits die physische Hygiene getan hat. Tatsächlich werden heute nach den Regeln der physischen Hygiene die Schulzimmer viel größer gebaut; denn man misst den ‚Rauminhalt' im Verhältnis zu den physiologischen Bedürfnissen der Atmung; und aus den gleichen Gründen wurden auch die Toiletten und Badeanlagen in größerer Anzahl eingebaut; deshalb sind in der Schule auch die Fußböden und die hohen Sockel der Wände abwaschbar; ebenfalls aus hygienischen Gründen wurde in die Schule die Heizung und oft auch die Schülerspeisung eingeführt, und der Garten oder weitläufige Terrassen werden bereits für eine Notwendigkeit gehalten, das körperliche Wohlsein des Kindes zu garantieren. Breite Fenster lassen bereits das Licht zur Genüge einfallen. Überall wurden Sportstätten mit ausgedehnten Räumlichkeiten und vielfältigen kostspieligen Geräten eingerichtet. Dazu die äußerst komplizierten Schulbänke. Manchmal sind es wahre Maschinen aus Eisen und Holz mit Fußstützen, Sitzen und Schreibflächen, die mechanisch drehbar sind, um beim Kind sowohl die Bewegung als auch die Verformung aufgrund der Unbeweglichkeit zu verhindern. Sie sind der wirtschaftlich verheerende Beitrag eines falschen Prinzips von

‚Schulhygiene'. Die weiße Eintönigkeit, die Abwaschbarkeit jedes Gegenstandes sind in den modernen Schulen Zeichen für den Triumph einer Epoche, in der der Kampf gegen die Mikrobe der einzige Schlüssel für die Erhaltung des menschlichen Lebens zu sein schien.

Heute erscheint die psychische Hygiene mit ihren neuen Vorschriften an der Schwelle der Schule, Vorschriften, die sicher wirtschaftlich nicht schwerwiegender sind als die, die bereits durch den vorangegangenen triumphierenden Schritt der physischen Hygiene angewandt wurden. Auch sie verlangt, dass die Schulzimmer vergrößert werden; aber nicht im Verhältnis zur Atmung, denn die Heizung, die es erlaubt, die Fenster zu öffnen, macht die Rechnungen über den Rauminhalt hinfällig; sondern sie verlangt, dass sie im Verhältnis zur ‚Bewegungsfreiheit', die dem Kind gelassen werden muss, vergrößert werden. Da das Kind jedoch nicht im Schulzimmer spazieren gehen muss, braucht die Vergrößerung nur so weit zu reichen, dass es die Möglichkeit hat, sich frei zwischen den Möbeln zu bewegen. Will man jedoch ein ‚Ideal' erreichen, kann man sagen, dass das ‚psychische' Klassenzimmer doppelt so groß sein muss wie das ‚physische'. Uns allen gibt ein Raum, der zu seiner größeren Hälfte leer ist, ein Gefühl der Erleichterung; er scheint uns die erbauliche Möglichkeit zu vermitteln, dass wir uns ‚bewegen können'. Dieses Gefühl des Wohlseins reicht tiefer als jenes andere Wohlsein in einem durchschnittlichen, vollgestopften Zimmer, das uns zu erlauben scheint, ‚atmen zu können'.

Die Tatsache, dass wenige Möbel vorhanden sind, ist sicher eine Garantie für die Hygiene; hierin stimmen sowohl die physische wie die psychische Hygiene überein. In unseren Schulen empfehlen wir ‚leichte' Möbel; sie sind daher im höchsten Grade ‚einfach und billig'. Es ist gut, wenn sie abwaschbar sind, vor allem, weil die Kinder lernen, ‚sie abzuwaschen'; und dabei führen sie eine beliebte und sehr erzieherische Übung durch. Aber am wichtigsten ist, dass die Möbel ‚schön, künstlerisch' sind. Die Schönheit besteht in diesem Fall nicht aus dem ‚Überfluss', aus dem ‚Luxus', sondern aus der Anmut und der Harmonie der Linien und der Farben, vereint mit der höchsten Einfachheit, die die ‚Leichtigkeit' der Möbel verlangt; wie die moderne Kleidung der Kinder ‚elegant' ist im Vergleich zu früher und gleichzeitig billig und einfach, so ist es dieses Mobilar."

(Aus: Maria Montessori, „Schule des Kindes", S. 135 ff.)

Wie recht hat Maria Montessori mit ihrer Aussage, dass das psychische Klassenzimmer doppelt so groß sein muss wie das physische. Sie sagt damit aus, dass die Atmosphäre großzügig sein muss, Freiräume braucht, freie Entscheidungen des Kindes zulassen muss. Was hilft ein architektonisch hervorragend gestaltetes Klassenzimmer mit üppiger Ausstattung, wenn der Geist, der darin vorherrscht, eng und bedrückend ist.

Viele unserer Kindergärten und Klassenräume sind heute übermöbliert, zu viel Überflüssiges steht darin herum, von dem wir Erwachsenen uns nicht trennen können. Sie sind aber auch oft eng durch die Pädagogik mit der sie „gefüllt" werden. Maria Montessori fordert nicht umsonst die neue Lehrerin, wenn ihre Prinzipien Eingang finden sollen in den Alltag. Die verschlossenen Schränke weichen dann den offenen Materialangeboten, die Schüler sind nicht an ihren Platz gebunden, sondern können sich im Raum frei bewegen (wie sonst sollten sie auch die Materialien frei auswählen können).

Das Prinzip Freiheit drückt sich auch aus in der Leichtigkeit der Möbel. Sie ermöglichen es dem Kind, seinen Tisch selbst zu einem anderen Platz zu bringen und zum Beispiel die einfallende Sonne für die Arbeit mit einem Material nutzbar zu machen o. ä.. Dem Wissensdurst der Kinder werden keine Grenzen gesetzt und Sätze wie „Das verstehst du noch nicht!“, sollten ganz aus unserem Sprachgebrauch verbannt werden. Da die Montessori-Pädagogik kein starres Klassenprogramm oder Lernniveau vertritt, kann das Kind weitestgehend selbst entscheiden, was es wann oder wie lernen möchte. So ist es keine Seltenheit, wenn bereits vierjährige Kinder lesen oder Sechsjährige sich mit dem „Mathematikstoff“ des 4. Schuljahres beschäftigen.

„Die Erziehung der Einbildungskraft in der Grundschule“. – Was wird in den allgemeinen Grundschulen getan, um die Einbildungskraft zu erziehen?

Die Schule ist in der Mehrzahl der Fälle ein öder, kahler Ort, wo die graue Farbe der Wände und die weißen Musselingardinen an den Fenstern den Sinnen jeden Fluchtweg unmöglich machen. Zweck dieses traurigen Szenenbildes ist, dass die ‚Aufmerksamkeit‘ des Schülers nicht von Reizen angezogen werden, sondern auf den sprechenden Lehrer hingeleitet wird. Die Schüler sitzen und hören stundenlang unbeweglich zu. Wenn diese Kinder zeichnen, müssen sie perfekt ein fremdes Bild wiedergeben. Wenn sie sich bewegen, müssen sie genau das Kommando eines anderen ausführen. Ihre Persönlichkeit wird nur im passiven Gehorsam geschätzt; die Erziehung ihres Willens besteht im methodischen Verzicht auf das Wollen.

‚Unsere herkömmliche Erziehung‘, sagt Claparède, ‚bedrückt unsere Kinder mit einer Menge von Kenntnissen, die nie dazu dienen können, ihr Verhalten zu leiten; sie lässt sie zuhören, ohne den Wunsch, zu verstehen; sie lässt sie sprechen, schreiben, abfassen, ausarbeiten und abhandeln, obwohl sie nichts zu sagen haben; sie lässt sie beobachten, ohne dass sie irgendeine Neugier empfinden; sie lässt sie nachdenken, ohne dass sie den Wunsch haben, etwas zu entdecken; sie lässt sie als gewollt erscheinende Anstrengungen vollbringen, ohne vorher die Zustimmung ihres *Ichs* zur aufgezwungenen Aufgabe zu haben; und nur diese innere Zustimmung würde der Unterwerfung unter die Pflicht einen moralischen Wert verleihen.‘

Diese versklavten Kinder benutzen die Augen, um zu lesen, die Hand, um zu schreiben, und die Ohren, um zu hören, was der Lehrer sagt. Nur der Körper hält still; aber ihr Verstand kann bei keiner Sache verweilen. Er muss mit einer ständigen Anstrengung hinter dem Verstand des Lehrers herlaufen, der seinerseits gezwungen ist, einem Programm, das zufällig und sicher nicht den Neigungen der Kinder entsprechend aufgestellt wurde, zu folgen. Der Geist des Kindes geht von einer Sache zur anderen über. Flüchtige, unsichere Bilder erscheinen ab und zu wie Träume vor den Augen des Kindes: der Lehrer zeichnet ein Dreieck an die Tafel und wischt es dann weg. Es handelt sich um eine momentane und abstrakt dargestellte Anschauung; ein konkretes Dreieck haben diese Kinder nie in den Händen gehabt; sie müssen sich mit Anstrengung an einen Umriss erinnern, an dem sich bald abstrakte geometrische Berechnungen abwickeln werden. Diese Figur wird nie etwas in ihnen bewirken, sie wird nie *erlebt* und mit anderen verknüpft werden; es wird nie Begeisterung vorhanden sein. Und so ist es mit allen anderen Dingen. Der Zweck scheint in der Anstrengung an sich zu liegen: dieser

Kraftaufwand, der fast alle Anstrengungen der Experimentalpsychologie auf sich gezogen hat."

(Aus: Maria Montessori, „Schule des Kindes", S. 250 ff.)

Maria Montessori hat ihre pädagogischen Ideen vor vielen Jahrzehnten niedergeschrieben, doch sind sie so aktuell, dass man bei vielen Ausführungen glauben könnte, dass sie erst wenige Wochen alt seien. Im vorausgegangenen Text beschreibt sie die Schule. Sicher hat sich viel getan. Viele Klassenzimmer strahlen Wärme und Atmosphäre aus. In ihnen leben und arbeiten glückliche Kinder und engagierte Lehrer/-innen. Dennoch sind die Vorstellungen – wie sie übrigens viele Reformpädagogen hatten – auch am Ende des Jahrhunderts des Kindes noch nicht realisiert worden.

Anlässlich der letzten Kommunalwahlen musste ich in einem Erstklasszimmer wählen. Ich stand in der Reihe bis eine Wahlkabine frei war. Meine Blicke durchstreiften den Raum. Ich wurde unruhig, in mir spürte ich Unruhe und aufsteigende Aggressionen. Der Raum glich einer Abstellkammer. Aufgetürmte Schachteln, keine Pflanze, kein Rückzugsbereich, verschmutzte Schulbänke, an der Wand Bilder mit Schultüten (vorgedruckt), alle das gleiche Muster, jedes Blümchen, jedes Dreieck in der gleichen Farbe ausgemalt ... eine wie die andere. Ich empfand die Atmosphäre erdrückend und eng. Wie sollen hier Kinder frei arbeiten, Freude am Lernen entwickeln, den verantwortlichen Umgang mit Materialien üben, Raumatmosphäre pflegen ... Ich hoffe, dass dieses Klassenzimmer ein Einzelfall war!

Vielleicht wissen Sie alle aus eigener Erfahrung, dass Dinge, die wir begriffen haben, das heißt, angefasst, ertastet, gesehen, erspürt, erschmeckt, errochen, erst wirklich im kognitiven Sinne begriffen und dann auch abstrahiert werden können. Was ist ein Dreieck an die Tafel gemalt? Zum Begreifen muss das Kind es berührt, erfasst haben. Es hat die Ecken gespürt, die Kanten vermessen usw. Die Vorstellung prägt sich dann ein.

Alle Montessori-Materialien sind nach ähnlichen Prinzipien aufgebaut. Wer mit dem Sinnesmaterial arbeitet, braucht keine Vorschulmappen. Vorschulmappen können die Sinneserfahrungen nicht ersetzen. Vielleicht können sie auch für die Erziehung in der Familie Konsequenzen aus der Montessori-Methode ziehen. Der Apfel der befühlt, geschmeckt, geteilt, untersucht wurde, erleichtert das Aufnehmen von Sachwissen über den Apfel. Beim Unterrichtsgespräch werden gemachte Erfahrungen in inneren Bildern immer wieder lebendig.

2.8 Die Montessori-Lehrerin und die Disziplin

„Eine unerfahrene Lehrerin, voller Enthusiasmus und Glauben an die Ergebnisse dieser inneren Disziplin, die sich in einer kleinen Gemeinschaft entwickeln sollte, steht vor nicht leichten Problemen. Sie versteht und glaubt, dass den Kindern bei der Wahl ihrer Beschäftigung Freiheit gelassen werden soll, so wie man sie auch nie bei einer spontanen Tätigkeit unterbrechen soll. Weder Unterweisungen noch Drohungen, weder Belohnungen noch Strafen sind erlaubt. Die Lehrerin muss sich still und passiv in einer geduldigen Erwartung verhalten, sich fast durch Annullieren ihrer eigenen Personalität zurückziehen, so dass der Geist des Kindes Raum erhält, sich frei zu entfalten. Sie hat den Kindern eine Menge Material, fast alles Material zur Verfügung gestellt. Aber anstatt dass sich die Unordnung vermindert, nimmt sie einen alarmierenden Umfang an.

Sind die Prinzipien, die sie gelernt hat, vielleicht falsch? Nein! Zwischen der Theorie und den Ergebnissen fehlt etwas; und das ist die praktische Erfahrung. Die unerfahrene Anfängerin hat an diesem Punkte Anleitung und Erklärungen nötig. Ähnlich geht es dem jungen Arzt oder jedem, der mit dem Studium in das Reich der Ideen und Prinzipien eingedrungen ist und dann allein vor den Tatsachen des Lebens steht, die geheimnisvoller sind als die Unbekannte in den ungelösten mathematischen Aufgaben.

Wir müssen uns vor Augen halten, dass das Phänomen der inneren Disziplin etwas ist, was vollendet werden muss, nicht etwas, was vorher bereits besteht. Unsere Aufgabe ist es, auf den Weg der Disziplin zu führen. Die Disziplin wird dann entstehen, wenn das Kind seine Aufmerksamkeit auf den Gegenstand konzentriert hat, der es anzieht, der nicht nur eine nützliche Übung, sondern auch die Fehlerkontrolle erlaubt. Dank dieser Übungen wird eine wunderbare Koordination der kindlichen Individualität bewirkt, durch welche das Kind ruhig, strahlend glücklich, beschäftigt und selbstvergessen und infolgedessen gegenüber Preisen und materiellen Belohnungen gleichgültig wird. Diese kleinen Eroberer ihrer selbst und der Welt, die sie umgibt, sind tatsächlich kleine Übermenschen, die uns die göttliche Seele, die im Menschen ist, offenbaren. Die Lehrerin hat die glückliche Aufgabe, den Weg zur Vollkommenheit zu weisen, indem sie die Mittel dazu zur Verfügung stellt und die Hindernisse aus dem Weg räumt – und hier muss sie bei dem Hindernis beginnen, das sie selbst sein könnte. Denn die Lehrerin kann ein sehr großes Hindernis darstellen. Wenn die Disziplin bereits vorgegeben wäre, wäre unsere Arbeit nicht notwendig, das Kind hätte einen sicheren Instinkt, der es befähigen würde, jede Schwierigkeit zu überwinden ...

Aber Weisheit und Disziplin warten darauf, im Kind geweckt zu werden. Die Repressionen haben gegen das Kind gearbeitet. Aber es ist noch nicht ganz verdorben, und seine Anomalien sind noch nicht fixiert, und damit sind unsere Bemühungen nicht umsonst. Die Schule muss dem Geist des Kindes den Raum und das Vorrecht geben, sich zu entfalten. Gleichzeitig muss die Lehrerin bedenken, dass die Verteidigungsreaktionen und generell die niederen Eigenschaften, die sich das Kind angeeignet hat, bereits bestehende Hindernisse für das sich entfaltende geistige Leben sind und dass sich das Kind davon befreien muss.

Das ist der ‚Ausgangspunkt' für die Erziehung. Wenn die Lehrerin nicht den puren Impuls von der spontanen Energie unterscheiden kann, die einem ausgeruhten Geist entspringt, wird sie keinen Erfolg haben. Die wahre Grundlage für die Wirkung der Lehrerin liegt darin, zwei Arten der Tätigkeit unterscheiden zu können, die beide den Anschein der Spontaneität haben. Denn in beiden Fällen handelt das Kind mit seinem eigenen Willen, aber sie haben eine ganz entgegengesetzte Bedeutung. Nur wenn die Lehrerin ein Unterscheidungsvermögen erlangt hat, kann sie Beobachter und Führer werden. Die dazu notwendige Vorbereitung ähnelt der eines Arztes: Er muss vor allem lernen, die physiologischen von den pathologischen Faktoren zu unterscheiden. Wenn er nicht fähig ist, die Gesundheit von der Krankheit zu unterscheiden, sondern nur den toten vom lebendigen Menschen unterscheiden kann, wird er nie die immer feineren Unterschiede zwischen den pathologischen Phänomenen feststellen können, und es wird für ihn unmöglich sein, eine richtige Diagnose der Krankheit aufzustellen. Diese Fähigkeit, das Gute vom Bösen zu unterscheiden, ist das Licht, das den verborgenen Weg der Disziplin erleuchtet, der zur Vollkommenheit führt. Ist es möglich, die Symptome oder Kombinationen von Symptomen auf genügend klare und umfassende Weise zu unterscheiden, um auch in der Theorie die verschiedenen Stadien zu erkennen, die die kindliche Seele in ihrem Aufstieg zur Disziplin durchläuft? Das ist möglich, und der Lehrerin kann zur Orientierung ein Richtpunkt gegeben werden."

(Aus: Maria Montessori, „Das kreative Kind", S. 237 ff.)

Maria Montessori spricht immer wieder von der Notwendigkeit der neuen Lehrerin, die die besondere Fähigkeit des Beobachtens haben muss. Wenn Montessori Zurückhaltung der Lehrerin fordert, so kann diese scheinbare Passivität vielleicht missverstanden oder gar als Nichtstun interpretiert werden. Sehen wir traditionell nicht die Lehrerin als diejenige, die aktiv den Unterricht gestalten und Kindern etwas beibringen soll? Dass Kinder von sich aus aktiv und lernmotiviert sein können und dazu noch innere Disziplin entwickeln, ist für viele Eltern/Erwachsene noch immer schwer zu begreifen.

Maria Montessori fordert jedoch von uns Erwachsenen, dass wir dem Kind Raum und Zeit geben, seinen Geist zu entfalten und hält dies für den Ausgangspunkt der Erziehung überhaupt. Gleichzeitig verlangt Montessori aber auch von uns, dass wir den puren Impuls von der spontanen Energie unterscheiden. Letztere kann nach Auffassung Montessoris nur einem ausgeruhten Geist entspringen. Wir könnten auch sagen, das Kind greift eine Aktivität auf, nachdem ein Impuls (Motivation) durch den Erwachsenen vorausgegangen ist. Demgegenüber steht Eigenaktivität (Eigenständigkeit) des Kindes, das aus einer eigenen, spontanen Energie heraus tätig wird, nicht geführt und angeregt durch die Lehrerin oder einen anderen Erwachsenen.

Zu Recht weist Montessori in ihrem Beitrag aber auch auf die Kluft zwischen Theorie und Praxis hin. Natürlich sind die Theorie, die Prinzipien, die Methoden, die die Lehrerin in ihrer Ausbildung gelernt hat, weder falsch noch überflüssig. Der praktische Unterricht bleibt jedoch wie ein „Sturz in kaltes, unbekanntes Gewässer". Der gelernten Theorie steht das Kind mit all seinen Fragen, Bedürfnissen und Gefühlen gegenüber und die Lehrerin muss sich zu einer Art ausgleichenden Person entwickeln. Ähnlich in der Familie: Das blanke Studium eines Elternratgebers ändert noch lange nicht das Erziehungsverhalten oder erleichtert den Umgang mit dem „schwierigen" Kind.

2.9 Der Erziehungsalltag

Der Anruf

„Eine Lehrerin, die eine Klasse solcher Kinder zu leiten hat und der nur die grundlegende Idee zur Verfügung steht, den Kindern die Mittel zur Entwicklung zu bieten und sie sich frei ausdrücken zu lassen, kann sich in einer beängstigenden Situation befinden. Die kleine Hölle, die unter den Kindern auszubrechen beginnt, wird alles, was erreichbar ist, mit sich ziehen, und wenn die Lehrerin passiv bleibt, wird sie von einem fast unvorstellbaren Durcheinander und Lärm übermannt werden. Die Lehrerin, die sich aus Unerfahrenheit oder weil sie sich zu streng oder zu einfältig an Prinzipien und Ideen hält, in einer ähnlichen Situation befindet, muss die Kräfte bedenken, die in diesen kleinen, göttlich reinen und großmütigen Seelen ruhen. Sie muss diesen kleinen Wesen zum Wiederaufsteigen helfen, die auf einen abschüssigen Weg geraten sind. Ein kräftiger Verweis ist nur eine gütige Handlung gegenüber diesen kleinen Seelen. Fürchtet euch nicht davor, das Schlechte zu zerstören. Wir müssen uns nur fürchten, das Gute zu zerstören. So wie wir ein Kind bei seinem Namen rufen müssen, noch bevor es antworten kann, so ist ein kraftvoller Anruf notwendig, damit die Seele erwacht. Die Lehrerin muss ihr Material aus der Schule nehmen und ihre Prinzipien aus dem, was sie gelernt hat, und dann muss sie in der Praxis allein die Frage des Anrufs lösen. Nur ihre Intelligenz kann das Problem lösen, das in jedem einzelnen Fall unterschiedlich sein wird. Die Lehrerin kennt die grundlegenden Symptome und die klaren Heilmittel, die Theorie der Behandlung; *der Rest ist ihre Sache.* Der gute Arzt wie der Lehrer ist ein Individuum und nicht eine Maschine, die Medikamente eingibt oder pädagogische Methoden anwendet. Die Einzelheiten sind der Entscheidung der Lehrerin überlassen, die ebenfalls ihre ersten Schritte auf diesem neuen Weg geht. Sie muss entscheiden, ob es besser ist, im allgemeinen Durcheinander die Stimme zu erheben oder einigen Kindern etwas zuzuflüstern, damit in den anderen Kindern die Neugier erwacht und sie so zur Ruhe gebracht werden. Eine kräftig angeschlagene Klaviersaite beruhigt das Durcheinander wie ein Peitschenhieb.

Eine erfahrene Lehrerin wird nie eine große Unordnung in ihrer Klasse haben, denn bevor sie zurücktritt, um den Kindern Freiheit zu lassen, wird sie für einige Zeit wachsam sein und die Kinder anleiten, so dass sie sie im negativen Sinne ‚vorbereitet', d. h., dass sie die unkontrollierten Bewegungen unterdrückt. Zu diesem Zweck gibt es eine Reihe von vorbereitenden Übungen, die sich die Lehrerin merken muss, und die Kinder, deren Sinn von der Wirklichkeit abschweift, werden die starke Hilfe verspüren, die die Lehrerin ihnen bieten kann. Ruhig, fest und geduldig wird ihre Stimme mit Lob und Ermahnung zu den Kindern dringen. Einige Übungen sind besonders nützlich, wie zum Beispiel Tische und Stühle ordentlich hinzustellen, ohne Krach zu machen; eine Reihe Stühle aufzustellen und sich hinzusetzen; von einem Ende der Klasse zum anderen auf Zehenspitzen zu gehen. Wenn die Lehrerin wirklich ihrer selbst sicher ist, wird das genügen, um anschließend sagen zu können: ‚Jetzt sind wir ruhig', und wie durch Zauber wird sofort Ruhe eintreten. Die einfachsten Übungen des praktischen Lebens werden die kleinen irrenden Geister auf den festen Boden der realen Arbeit zurückführen. Nach und nach wird die Lehrerin das Material anbieten, aber den Kindern nie freie Wahl lassen, solange sie nicht verstanden haben, damit umzugehen.

Jetzt haben wir eine ruhige Klasse vor uns. Die Kinder treten mit der Wirklichkeit in Kontakt; ihre Beschäftigung hat einen besonderen Zweck, wie einen Tisch abzuwischen, einen Fleck zu entfernen, zum Schrank zu gehen, ihm ein Material zu entnehmen und es korrekt zu benutzen usw.

Man sieht, dass sich die Fähigkeit der freien Wahl durch die Übung verstärkt. Im Allgemeinen ist die Lehrerin zufrieden, aber sie hat den Eindruck, dass das von der Montessori-Methode bestimmte Material nicht ausreichend ist, und steht vor der Notwendigkeit, anderes hinzuzufügen. In einer Woche hat ein Kind wieder und wieder das ganze Material benutzt. Der Großteil der Schulen überschreitet vielleicht nicht diesen Punkt.

Nur ein Faktor offenbart die Anfälligkeit dieser scheinbaren Ordnung und droht das gesamte Werk zusammenbrechen zu lassen: Die Kinder gehen von einem Ding zum anderen über, führen jede Übung einmal durch und nehmen dann etwas anderes aus dem Schrank. Das Kommen und Gehen vor dem Schrank nimmt kein Ende. Kein Kind hat auf der Erde, auf die es herabgestiegen ist, ein Interesse gefunden, das fähig ist, in ihm die göttliche und starke Natur wiederzuerwecken: Seine Personalität übt sich nicht, noch entwickelt und stärkt sie sich. Bei diesen flüchtigen Kontakten kann die äußere Welt nicht den Einfluss auf es ausüben, der seinen Geist mit der Welt ins Gleichgewicht bringt. Das Kind ist wie eine Biene, die von einer Blume zur anderen fliegt und nicht die findet, auf der sie sich niederlässt, den Nektar saugt und sich befriedigt. Es vertieft sich nicht in die Arbeit, bis es spürt, wie in ihm die wundervolle instinktive Aktivität erwacht, die bestimmt ist, seinen Charakter und seinen Geist aufzubauen.

Die Lehrerin fühlt, dass ihre Aufgabe schwierig ist, wenn die zerstreute Aufmerksamkeit an diesen Punkt gelangt ist; dazu läuft sie noch von einem Kind zum anderen und überträgt ihre Aufregung. Sobald sie den Rücken wendet, spielen viele Kinder müde und gelangweilt mit dem Material und machen den unsinnigsten Gebrauch davon. Während die Lehrerin sich mit einem Kind beschäftigt, machen die anderen Fehler. Der so vertrauensvoll erwartete moralische und geistige Fortschritt entsteht nicht.

Diese scheinbare Disziplin ist wirklich zerbrechlich, und die Lehrerin spürt, wie die Unordnung in der Luft liegt, und ist immer in einem gespannten Zustand. Die große Mehrheit der nicht genügend vorbereiteten und erfahrenen Lehrerinnen glaubt zum Schluss, dass das so sehnsüchtig erwartete ‚neue Kind', von dem so viel gesprochen wurde, nur eine Illusion, ein Ideal ist. In Wirklichkeit ist eine Klasse, die durch einen nervösen Energieaufwand zusammengehalten wird, für die Lehrerin anstrengend und für die Kinder nicht nutzbringend.

Es ist notwendig, dass die Lehrerin fähig ist, den Zustand der Kinder zu verstehen. Diese kleinen Geister befinden sich in einer Periode des Übergangs. Sie finden nicht die offene Tür und klopfen, damit ihnen jemand öffne. In Bezug auf den Fortschritt gibt es wenig zu beobachten! Dieser Zustand ist dem Chaos näher als der Disziplin. Die Arbeit dieser Kinder wird unvollendet sein, die elementaren Koordinierungsbewegungen werden ohne Kraft und Anmut und die Handlungen launenhaft sein. Im Vergleich zur ersten Periode, in der die Kinder nicht im Kontakt mit der Wirklichkeit waren, haben sie nur einen geringen Fortschritt gemacht. Es handelt sich um eine Genesung nach einer Krankheit. Es ist eine entscheidende Periode in der Entwicklung, und der Lehrer muss zwei verschiedene Funktionen ausüben: die Kinder überwachen und individuelle Lektionen erteilen, d.h., das Material regelmäßig vorführen und genau zeigen, wie es gebraucht wird. Das allgemeine Überwachen und die mit Genauigkeit erteilten individuellen Lektionen sind zwei Mittel, mit denen die Lehrerin die Entwicklung des Kindes unterstützen kann. In dieser Periode muss die Lehrerin darauf achten, dass sie nie der Klasse den Rücken zuwendet, während sie sich mit einem einzelnen Kind beschäftigt. Ihre Anwesenheit muss fühlbar sein für alle diese kleinen umherschweifenden Seelen, die auf der Suche nach Leben sind. Die genauen und umfassenden Lektionen, die jedem Kind ganz für sich gegeben werden, sind ein Angebot, das die Lehrerin an die Tiefe des kindlichen Geistes macht. Eines Tages wird dann ein kleiner Geist erwachen, das *Ich* eines Kindes wird sich eines Gegenstandes bemächtigen, die Aufmerksamkeit wird sich auf die Wiederholung einer Übung konzentrieren, die Übung vervollkommnet die Fähigkeit, der strahlende Ausdruck des Kindes, sein zufriedenes Benehmen werden ein Zeichen dafür sein, dass sein Geist wiedergegeben ist."

(Aus: Maria Montessori, „Das kreative Kind", S. 241 ff.)

Viel zu wenig wird in der Regel die Individualität der Lehrerin und die Individualität eines jeden Kindes zueinander in Bezug gebracht. Wie soll sie auf die Kinder reagieren, wie soll sie sie ansprechen? Montessori gibt keinen Ratschlag, welcher Weg der richtige ist, sondern fordert die eigene Entscheidung der Lehrerin. Soll sie ihre Stimme erheben, um sich durchzusetzen, um Ruhe einzufordern, oder soll sie einfach nur einem Kind etwas zuflüstern und damit die anderen neugierig machen? Ähnlich bei Eltern: Kind schreit, Mutter schreit, Kind schreit noch lauter ... Das macht nachdenklich und fordert auf, andere Wege zu gehen bzw. den Versuch zu wagen, neue Wege zu erproben. Versuchen Sie es, Sie werden überrascht sein über das Ergebnis!

Wenn das Prinzip Freiheit und Selbständigkeit im Unterricht anfangs missverstanden wird, dann ist ein gewisses Chaos nicht aufzuhalten (dies gilt übrigens ebenso für den Kindergarten wie für die häusliche Erziehung). Es bedarf der

Vorbereitung der Kinder, denn dann kommt es nicht zu Chaos und Unordnung. Viele Erwachsene (auch Pädagogen) schmunzeln, wenn von Montessoris Übungen des praktischen Lebens die Rede ist. Diese sind aber unverzichtbar, weil sie eben das Kind vorbereiten, Ordnung und Strukturen zu entwickeln und sich damit freizumachen, von den andauernden Anordnungen des Erwachsenen. Die Kinder kommen zur Ruhe und erreichen damit Lernbereitschaft und Lernmotivation. Sie brauchen keinen Druck. Sie lernen und arbeiten aus sich heraus.

Aber zuerst müssen sich die Kinder orientieren, alle Möglichkeiten entdecken. Montessori vergleicht sie deshalb mit den honigsaugenden Bienen. Der Erwachsene darf sich von diesem Verhalten – das soweit weg von Ruhe, Konzentration, Aufmerksamkeit zu sein scheint – nicht irritieren lassen und mit Nervosität reagieren. Vielmehr muss der Erwachsene diesen Zustand verstehen und dabei seine Anwesenheit für jedes Kind spürbar sein. ‚Die Lehrerin, die Mutter ist da und sieht, dass ich, das Kind, arbeite und lerne. Das macht mich stolz, gleichzeitig aber unabhängig, denn ich habe die individuelle Lektion verinnerlicht und kann die Aufgabe jetzt alleine lösen'. So oder ähnlich könnten die Gedankengänge des Kindes lauten.

2.10 Noch mehr über die Disziplin

„Die freie Wahl ist die höchste Tätigkeit: Nur das Kind, das weiß, was es benötigt, um sich zu üben und sein geistiges Leben zu entwickeln, kann wirklich frei auswählen. Man kann von keiner freien Wahl sprechen, wenn jeder äußere Gegenstand gleichermaßen das Kind lockt und wenn dieses aufgrund mangelnder Willenskraft jedem Anruf folgt und lustlos von einem

Ding zum anderen übergeht. Das ist eine der wichtigsten Unterscheidungen, zu der die Lehrerin fähig sein muss. Das Kind, das noch nicht einer inneren Führung gehorchen kann, ist noch nicht das freie Kind, das sich auf den langen und schmalen Weg der Vervollkommnung begibt. Es ist noch Sklave oberflächlicher Empfindungen, die es der Gewalt der Umgebung ausliefern; sein Geist springt wie ein Ball von einem Gegenstand zum anderen. Der Mensch wird *geboren*, wenn seine Seele sich selbst fühlt, sich konzentriert, orientiert und auswählt.

Dieses einfache und große Phänomen offenbart sich in jedem geschaffenen Wesen. Alle Lebewesen haben die Fähigkeit, in einer komplizierten und vielseitigen Umgebung das und nur das auszuwählen, was zur Erhaltung des Lebens notwendig ist.

Die Pflanzenwurzeln wählen im Boden unter den vielen Elementen nur die aus, die sie benötigen; ein Insekt wählt auf bestimmte Weise aus und konzentriert sich auf die Blume, die dazu geschaffen ist, es aufzunehmen. Beim Menschen ist dieses wunderbare Urteilsvermögen kein einfacher Instinkt, sondern etwas, das errungen werden muss. Den Kindern ist, vor allem in den ersten Jahren, eine tiefe Sensibilität als geistige Notwendigkeit eigen, die falsch geleitete Erziehung oder Repression zum Verschwinden bringen und durch eine Art Sklaverei der äußeren Sinne gegenüber jedem Gegenstand der Umgebung ersetzen können. Wir selbst haben diese tiefe, vitale Sensibilität verloren, und beim Kind, bei dem wir sie erstehen sehen, stehen wir wie vor der Offenbarung eines Geheimnisses. Sie äußert sich im zarten Akt der freien Wahl, den eine nicht beobachtungsfähige Lehrerin zerstört hätte, noch bevor er Form angenommen hätte, wie ein Elefant die Knospe einer Blume zertreten kann, die sich eben auf einer Wiese öffnet.

Das Kind, das seine Aufmerksamkeit auf einen gewählten Gegenstand fixiert hat und das sich in der Wiederholung einer Übung ganz konzentriert, ist im Sinne der geistigen Gesundheit, von der wir sprechen, eine gerettete Seele. Von diesem Moment an besteht keine andere Notwendigkeit mehr, sich um das Kind zu kümmern, als ihm eine Umgebung vorzubereiten, die seine Bedürfnisse befriedigt, und die Hindernisse auf dem Weg zur Vervollkommnung zu beseitigen.

Bevor sich Aufmerksamkeit und Konzentration verwirklichen, muss die Lehrerin sich selbst in der Gewalt haben, damit sich der Geist des Kindes frei entfalten und ausdrücken kann: Die Bedeutung ihrer Aufgabe liegt darin, das Kind nicht bei seiner Anstrengung zu unterbrechen. Das ist der Moment, wo sich der Takt der Lehrerin zeigt, den sie im Laufe ihrer Vorbereitung erlernt hat. Sie muss lernen, dass es nicht leicht ist, beizustehen oder vielleicht nur zu beobachten. Auch während sie beisteht und dient, muss sie *beobachten*; denn das Entstehen des Phänomens der Konzentration im Kind ist so zart wie eine Knospe, die sich eben entfaltet. Sie beobachtet nicht, damit ihre Gegenwart empfunden wird oder um den Schwächeren mit ihrer Kraft beizustehen; sie beobachtet, um das Kind zu erkennen, das zur Konzentration seiner Aufmerksamkeit gelangt ist, und um die sieghafte Wiedergeburt des Geistes zu schauen.

Das Kind, das sich konzentriert, ist unermesslich glücklich; es ignoriert den Nachbarn und die, die sich um es herum bewegen. Für einen Moment ist sein Geist wie der des Eremiten in der Wüste; in ihm ist ein neues Bewusstsein entstanden, das seiner eigenen Individualität. Wenn es aus seiner Konzentration erwacht, scheint es die Welt, die es umgibt, das erste Mal zu spüren wie ein unbegrenztes Feld für neue Entdeckungen;

es bemerkt auch die Gefährten, denen es ein herzliches Interesse entgegenbringt. In ihm erwacht die Liebe für die Personen und die Dinge. Freundlich und herzlich allen gegenüber ist es bereit, jedes schöne Ding zu bewundern. Der geistige Vorgang ist offensichtlich: es trennt sich selbst von der Welt, um die Kraft zu erringen, sich mit ihr zu vereinen. Wir verlassen die Stadt, um ein ausgedehntes Panorama zu bewundern; im Flugzeug enthüllt sich die Erde in ihren Umrissen besser unserem Auge. So ist es nun mit dem menschlichen Geist. Um zu existieren und mit den Gefährten in Gemeinschaft zu treten, müssen wir uns in die Einsamkeit zurückziehen und uns festigen. Nur dann werden wir mit Liebe die Wesen betrachten, die um uns sind. Der Heilige bereitet sich in der Einsamkeit darauf vor, mit Weisheit und Gerechtigkeit die sozialen Erfordernisse zu betrachten, die von der Masse der Menschen ignoriert werden. Die Vorbereitung in der Wüste bahnt den Weg für die große Mission der Liebe und des Friedens.

Das Kind begibt sich schlicht in eine Haltung tiefer Isolierung, und in ihm bildet sich ein starker, ruhiger Charakter, der Liebe um sich ausstrahlt. Aus diesem Verhalten entspringt das Opfer seiner selbst, die regelmäßige Arbeit, der Gehorsam und damit zusammen eine Lebensfreude, die so klar wie eine Felsenquelle ist; Freude und Hilfe für alle Wesen, die mit ihm leben.

Das Ergebnis der Konzentration ist das Erwachen des sozialen Gefühls, und die Lehrerin müsste bereit sein, ihm zu folgen; sie wird von den Herzen der Kinder, die eben erwacht sind, geliebt werden. Sie werden sie ‚entdecken', auf die gleiche Weise, wie sie das Blau des Himmels und den kaum merklichen Duft der im Gras versteckten Blumen entdecken.

Die Erfordernisse dieser Kinder, die reich an Enthusiasmus und explosiv in ihrem erstaunlichen Fortschritt sind, können eine unerfahrene Lehrerin verwirren. Wie sie sich in der ersten Phase nicht mit der Betrachtung der vielen verworrenen Handlungen des Kindes aufhalten darf, sondern nur die Zeichen der grundlegenden Erfordernisse beachten soll, so darf die Lehrerin sich nun nicht von den unzähligen Zeichen dieser moralischen Fülle und Schönheit überwältigen lassen. Sie muss immer etwas Einfaches und Zentrales anstreben, das wie die Angel ist, um die sich die Türe dreht; notwendigerweise verborgen, aber unabhängig und unberührt vom ornamentalen Reichtum des Gegenstandes, dessen Funktion es ermöglicht und reguliert. Ihre Mission strebt immer etwas Beständiges und Genaues an. Sie beginnt sich selbst überflüssig zu fühlen, denn der Fortschritt des Kindes steht in keinem Verhältnis zu dem Anteil, den sie gehabt hat, und zu dem, was sie getan hat. Sie sieht, wie die Kinder immer unabhängiger in der Auswahl ihrer Beschäftigung und in ihrer reichen Ausdrucksfähigkeit werden; ihr Fortschritt scheint manchmal wie ein Wunder zu sein. Sie fühlt, dass sie nur mit der einfachen Aufgabe dient, die Umgebung vorzubereiten und sich in den Schatten zurückzuziehen. Sie hat die Worte von Johannes dem Täufer im Gedächtnis, nachdem sich der Messias ihm offenbarte: ‚Dieser muss wachsen, und ich muss abnehmen.'

Und trotzdem ist dies der Zeitpunkt, in dem ihre Autorität am meisten vom Kind verlangt wird. Wenn das Kind in seiner intelligenten Tätigkeit etwas vollbracht hat – eine Zeichnung, ein geschriebenes Wort oder irgendeine andere kleine Arbeit –, geht es zur Lehrerin und möchte, dass diese ihm sagt, ob es seine Arbeit gut gemacht hat. Das Kind geht nicht fragen, was es tun soll und wie es etwas tun soll, und verteidigt sich gegen jede Hilfe: Die Wahl und die Ausführung sind Vorteile und Errungenschaften der befreiten Seele.

Aber wenn die Arbeit getan ist, verlangt das Kind nach der Bestätigung durch seine Lehrerin.

Der gleiche Antrieb, der die Kinder energisch ihr geistiges Geheimnis verteidigen lässt – ihr geheimnisvoller Gehorsam der Stimme gegenüber, die sie führt und die jeder in sich zu hören scheint –, lässt sie ihre Handlungen einer äußeren Autorität unterbreiten, als ob sie sicher sein wollten, dass sie sich auf dem rechten Weg befinden. Das lässt an die ersten schwankenden Schritte des Kindes denken, wenn es die ausgestreckten Arme eines erwachsenen Menschen vor sich sehen muss, die bereit sind, einem Hinfallen vorzubeugen, obwohl es bereits die Kraft hat, mit dem Laufen zu beginnen und es zu vervollkommnen. Die Lehrerin muss dann mit einem Wort der Zustimmung antworten, mit einem Lächeln ermutigen, wie die Mutter zu den ersten Schritten des Kindes lächelt. Denn Vollkommenheit und Sicherheit müssen sich im Kind aus inneren Quellen entwickeln, mit denen der Lehrer nichts zu tun hat.

Wenn das Kind einmal sicher ist, wird es tatsächlich nicht mehr länger bei jedem Schritt die Zustimmung der Autorität suchen. Es wird fortfahren, fertige Arbeiten zu sammeln, von denen die anderen nichts wissen, einfach dem Bedürfnis folgend, zu erzeugen und die Früchte seiner Arbeit zu vervollkommnen. Es ist daran interessiert, seine Arbeit zu beenden, und nicht daran, daß sie bewundert wird, noch will es sie zu seinem persönlichen Schatz machen: Der edle Antrieb, der es bewegt, ist fern von Stolz oder Geiz. Viele Besucher unserer Schulen werden sich daran erinnern, wie die Lehrer die besten Arbeiten der Kinder zeigten, ohne darauf hinzuweisen, wer sie gemacht hat. Diese scheinbare Vernachlässigung hat ihre Ursache darin, dass die Lehrer durch Gewohnheit wissen, dass es die Kinder nicht kümmert. In jeder anderen Schule würde sich der Lehrer schuldig fühlen, wenn er die schöne Arbeit eines Kindes zeigen würde, ohne auf den kleinen Autor hinzuweisen. Wenn er es vergessen würde, könnte er den kindlichen Protest vernehmen: ‚Das habe ich gemacht.' Das Kind, das in unserer Schule eine bewundernswerte Arbeit vollbracht hat, sitzt wahrscheinlich in einer Ecke der Klasse und ist mit einer neuen wunderbaren Anstrengung beschäftigt und wünscht nichts anderes, als nicht unterbrochen zu werden. Das ist die Periode, in der sich die Disziplin stabilisiert: Eine Art von aktivem Frieden, von Gehorsam und Liebe, in der sich die Arbeit vervollkommnet und vervielfältigt, genauso, wie im Frühjahr die Blüten Farbe annehmen und bereits von Ferne die süßen und erfrischenden Früchte vorbereiten."

(Aus: Maria Montessori, „Das kreative Kind", S. 244 ff.)

Sie werden als Leser immer wieder feststellen, dass sich Montessori in den Kernaussagen wiederholt und wiederholt bzw. bestimmte Prinzipien in immer wieder anderen Zusammenhängen darstellt und mit den verschiedensten Lernsituationen verknüpft.

Das Kind als ganzheitliches Wesen steht dabei immer im Mittelpunkt aller Überlegungen und die Pädagogik orientiert sich vom Kinde aus. So erstaunt es auch nicht, dass die Begriffe freie Wahl, Disziplin, Aufmerksamkeit und Konzentration immer wieder gemeinsam benannt werden. Falsch geleitete Erziehung oder Repressionen werden dagegen als Verhinderer vorgenannter Fähigkeiten bezeichnet.

Wenn das Kind in Aufmerksamkeit und Konzentration gleichsam versunken ist, dann sollen und dürfen wir das Kind nicht stören. Selbst ein Lob würde seine Aktivität unterbrechen, die Unterbrechung zu ‚ungeordnetem' Verhalten bzw. ungeordneter Arbeit führen.

Ein Impuls auch für die Familie? Denken wir nur an die Hausaufgabensituation …

Ist es nicht schön zu sehen, wie die Kinder immer unabhängiger in der Auswahl ihrer Beschäftigung und reicher in ihrer Ausdrucksfähigkeit werden? Wenn das Kind eine Arbeit beendet hat, dann verlangt es nach Bestätigung durch die Lehrerin oder den Erwachsenen. Kinder suchen die positive Autorität, nicht die Autorität, die Macht ausübt und das kindliche Handeln vorschreibt und einengt, sondern die bestätigende Autorität, die zeigt, dass das Kind auf dem richtigen Weg ist. Hier liegt auch eines der Geheimnisse des Lernens ohne Druck verborgen. Das Kind hat nicht etwas gelernt oder getan, um dafür besonders gelobt oder herausgestellt zu werden. Vielmehr hat es seine Arbeit beendet, die es frei gewählt hat, die ihm Freude und Erfolg gebracht hat und wendet sich dann voller Eigenaktivität und Selbständigkeit bereits wieder einer neuen Aufgabe zu. Es will dabei nicht gestört werden. Damit die Lehrerin diese neuen Arbeitsweisen verstehen und anwenden kann, braucht sie allerdings eine ganz andere Vorbereitung, wie sie uns üblicherweise vertraut ist.

2.11 Die Vorbereitung der Montessori-Lehrerin

„Der erste Schritt für eine Montessori-Lehrerin ist die Selbstvorbereitung. Sie muss ihr Vorstellungsvermögen wachhalten, denn in den traditionellen Schulen kennt der Lehrer das unmittelbare Verhalten seiner Schüler und weiß, dass er auf sie aufpassen und was er tun muss, um sie zu unterrichten, während die Montessori-Lehrerin ein Kind vor sich hat, das sozusagen noch nicht existiert. Das ist der prinzipielle Unterschied. Die Lehrerinnen, die in unsere Schulen kommen, müssen eine Art Glauben haben, *dass sich das Kind offenbaren wird* durch die Arbeit. Sie müssen sich von jeder vorgefassten Meinung lösen, die das Niveau betrifft, auf dem sich die Kinder befinden können. Die verschiedenen mehr oder weniger abgewichenen Typen dürfen sie nicht stören: Sie muss in ihrer Vorstellung den anderen Typ des Kindes sehen, der in einem geistigen Bereich lebt. Die Lehrerin muss daran glauben, dass das Kind, das sie vor sich hat, seine wahre Natur zeigen wird, wenn es eine Arbeit gefunden hat, die es anzieht. Um was soll sie sich also bemühen? Dass das eine oder andere Kind beginnen möge, sich zu konzentrieren. Um das zu erreichen, muss sie ihre Energien aufwenden; ihre Tätigkeit wird von einem Stadium zum anderen wechseln wie in einer geistigen Entwicklung. Für gewöhnlich gibt es drei Aspekte bei ihrem Verhalten.

Erstes Stadium: Die Lehrerin wird zum Wächter und zum Aufseher der Umgebung; sie konzentriert sich auf die Umgebung, anstatt sich von der Unruhe der Kinder ablenken zu lassen. Sie konzentriert sich auf die Umgebung, weil von ihr die Genesung und die Anziehungskraft, die den Willen der Kinder polarisieren wird, ausgehen sollen. In unseren Ländern, wo jede Frau ihre Wohnung hat, macht sie diese für sich und den Mann so anziehend wie möglich, und anstatt sich viel um den Mann zu kümmern, kümmert sie sich in erster Linie um die Wohnung, um eine Umgebung zu schaffen, in der sich ein normales und konstruktives Zusammenleben entfalten kann. Sie wird versuchen, die Wohnung ruhig und bequem, reich an verschiedenen Interessen zu gestalten. Wesentliche Anziehungspunkte in einer Wohnung sind Sauberkeit und Ordnung: Alles gehört an seinen Platz, sauber, glänzend und heiter. Das ist die erste Sorge der Frau. Auch in der Schule müsste das die erste Sorge der Lehrerin sein: Ordnung und Pflege des Materials, damit es immer schön, leuchtend und in perfektem Zustand ist und nichts fehlt, damit dem Kind immer alles neu erscheint, vollständig und bereit für den Gebrauch. Das bedeutet auch, dass die Lehrerin selbst anziehend sein muss: Ihr Äußeres soll durch sorgfältige Sauberkeit anziehend sein, ruhig und voller Würde. Dieses Ideal kann jede Lehrerin verwirklichen, wie sie will; aber halten wir uns stets vor Augen, wenn wir vor die Kinder treten, dass sie *auserwählte* Wesen sind. Das Äußere der Lehrerin ist der erste Schritt zum Verständnis und zur Achtung dem Kind gegenüber. Die Lehrerin sollte ihre Bewegungen beobachten und sie so freundlich und graziös wie möglich gestalten. In diesem Alter idealisiert das Kind seine Mutter. Wir wissen nicht, wie die Mutter ist, aber wir hören oft, dass das Kind sagt, wenn es eine schöne Frau sieht: ‚Sie ist so schön, genau wie meine Mama!' Es kann sein, dass die Mutter absolut nicht schön ist, aber sie ist es für ihr Kind, und jeder Mensch, den es bewundert, ist schön wie seine Mutter. Somit gehört die Pflege der Person zur Umgebung des Kindes: Die Lehrerin ist der lebendigste Teil der Umgebung.

Die erste Aufgabe der Lehrerin besteht also darin, vor allen anderen Dingen die Umgebung zu pflegen. Das ist eine indirekte Arbeit, und wenn die Umgebung nicht gut gepflegt ist, wird es weder auf physischem noch intellektuellem oder spirituellem Gebiet wirkungsvolle und dauerhafte Ergebnisse geben.

Zweites Stadium: Nachdem wir die Umgebung betrachtet haben, kommen wir zum Verhalten den Kindern gegenüber. Was können wir mit diesen ungeordneten Wesen tun, mit diesem verwirrten und unsicheren Verstand, den wir auf eine Arbeit lenken und konzentrieren wollen? Ich benutze manchmal ein Wort, das nicht immer geschätzt wird: Die Lehrerin muss verführerisch sein, sie muss die Kinder anziehen. Wenn die Umgebung vernachlässigt wäre, die Möbel staubig, das Material abgekratzt und in Unordnung und wenn die Lehrerin in ihrem Äußeren und ihrem Auftreten ungepflegt wäre – und zu den Kindern unfreundlich –, würde die wesentliche Grundlage für ihre Aufgabe, zu der sie bestimmt ist, fehlen. In der Anfangsperiode, wenn die erste Konzentration noch nicht eingetreten ist, muss die Lehrerin wie eine Flamme sein, deren Wärme aktiviert, lebendig macht und einlädt. Sie darf nicht fürchten, einen wichtigen psychischen Vorgang zu stören, denn er hat noch nicht begonnen.

Bevor die Konzentration begonnen hat, kann die Lehrerin mehr oder weniger das tun, was sie will: Wo es notwendig ist, kann sie in die Tätigkeit des Kindes eingreifen.

Ich habe von einem Heiligen gelesen, der versuchte, auf der Straße verlassene Kinder um sich zu sammeln in einer Stadt, in der die Sitten nicht gepflegt waren. Was tat er? Er versuchte, sie zu vergnügen. Das muss die Lehrerin in diesem Moment tun: Sie muss auf Gedichte, Reime, Lieder und Erzählungen zurückgreifen. Die Lehrerin, die die Kinder begeistert, weckt ihr Interesse durch verschiedene Übungen, und wenn diese auch an sich nicht bedeutend sind, haben sie doch den Vorteil, das Kind anzuziehen. Die Praxis hat bewiesen, dass eine lebhafte Lehrerin anziehender ist als eine andere – und alle können lebhaft sein, wenn sie wollen. Jeder kann mit fröhlicher Stimme sagen: ‚Warum stellen wir heute die Möbel nicht auf einen anderen Fleck?‘, und mit den Kindern arbeiten, indem sie alle ermutigt und anerkennt und eine einnehmende Fröhlichkeit an den Tag legt. Oder: ‚Wie wär's, wenn wir die schöne Messingvase putzen würden?‘ Oder auch: ‚Wollen wir nicht in den Garten gehen und ein paar Blumen pflücken?‘ Jede Handlung der Lehrerin kann für das Kind ein Aufruf und eine Einladung werden.

Das ist der zweite Aspekt beim Verhalten der Lehrerin. Wenn während dieser Periode einige Kinder fortfahren, die anderen zu belästigen, wird es das einfachste sein, sie dabei zu unterbrechen. Während wir wiederholt gesagt haben, dass man nicht eingreifen darf, wenn ein Kind auf seine Arbeit konzentriert ist, um nicht den Zyklus seiner Aktivität zu unterbrechen und seine volle Entfaltung zu verhindern, ist in diesem Fall die entgegengesetzte Technik gerade die richtige: den Lauf der störenden Aktivität unterbrechen.

Die Unterbrechung kann in irgendeinem Ausruf bestehen oder indem dem ungestümen Kind eine besonders liebevolle Aufmerksamkeit gezeigt wird. Diese ablenkenden Beweise der Zuneigung, die sich vermehren mit dem Vermehren der störenden Handlungen, werden für das Kind wie eine Reihe von Elektroschocks sein, die mit der Zeit ihre Wirkung haben. Der Eingriff der Lehrerin kann etwa so aussehen: ‚Wie geht's, Hans? Komm zu mir, ich habe etwas zu tun für dich.‘ Wahrscheinlich wird Hans nichts davon wissen wollen, und die Lehrerin wird sagen: ‚Gefällt es dir nicht? Na, das macht nichts, dann gehen wir zusammen in den Garten‘, und die Lehrerin wird mit ihm gehen oder ihn von der Helferin begleiten lassen; so wird das Kind mit seinen Launen direkt der Helferin anvertraut, und die anderen Kinder werden nicht mehr gestört.

Drittes Stadium: Endlich kommt die Zeit, in der die Kinder beginnen, sich für etwas zu interessieren: Im allgemeinen sind es Übungen des praktischen Lebens, denn die Erfahrung hat bewiesen, daß es zwecklos und schädlich ist, den Kindern Material zur sensorischen und kulturellen Entwicklung zu geben, bevor sie den daraus erwachsenden Nutzen ziehen können.

Um dieses Material einführen zu können, muss man den Zeitpunkt abwarten, zu welchem sich die Kinder auf irgendetwas konzentriert haben. Wie ich bereits gesagt habe, geschieht das durch die Übungen des praktischen Lebens. Wenn das Kind beginnt, sich für eine dieser Übungen zu interessieren, darf die Lehrerin es *nicht* unterbrechen, denn dieses Interesse entspricht den natürlichen Gesetzen und eröffnet einen Zyklus von Aktivität. Aber der Beginn ist so zerbrechlich, so fein, dass eine Berührung genügt, ihn verschwinden zu lassen wie eine Seifenblase und damit die ganze Schönheit dieses Augenblicks.

Die Lehrerin muss sehr aufmerksam sein: Nicht eingreifen bedeutet *in keiner Form* eingreifen. Hier macht die Lehrerin oft Fehler. Das Kind, das bis zu einem bestimmten Moment sehr gestört hat, konzentriert sich endlich auf eine Arbeit. Wenn die Lehrerin im Vorbeigehen nur sagt: ‚Gut!' Das genügt, damit das Unheil von neuem beginnt. Vielleicht wird das Kind sich zwei Wochen hindurch für keine andere Arbeit interessieren. Ebenso, wenn ein anderes Kind auf Schwierigkeiten stößt und die Lehrerin helfend eingreift, wird es die Arbeit ihr überlassen und weggehen. Das Interesse des Kindes konzentriert sich nicht nur auf die Arbeit, sondern öfters auf den Wunsch, *die Schwierigkeiten zu überwinden.* ‚Wenn die Lehrerin sie für mich überwindet, dann soll sie es machen, mich interessiert es nicht mehr.' Wenn das Kind schwere Gegenstände hebt und die Lehrerin eingreift, um ihm zu helfen, geschieht es oft, dass das Kind den Gegenstand der Lehrerin überlässt und weggeht. Lob, Hilfe und auch nur ein Blick können genügen, um es zu unterbrechen oder die Aktivität zu zerstören. Es hört sich eigenartig an, aber das kann geschehen, auch wenn sich das Kind nur beobachtet fühlt. Schließlich passiert es uns auch, dass wir nicht mit einer Arbeit fortfahren können, wenn jemand kommt und zuschaut, was wir tun. Das Prinzip, das der Lehrerin zum Erfolg hilft, ist folgendes: Sobald die Konzentration beginnt, muss sie tun, als ob das Kind nicht existiert. Sie kann natürlich schauen, was das Kind tut, aber mit einem schnellen Blick, ohne dass sie es merken lässt. Danach wird das Kind, das nicht mehr von der Langeweile von einem Gegenstand zum anderen getrieben wird, ohne sich zu konzentrieren, von einem Vorsatz geleitet, beginnen, seine Arbeit auszuwählen. Das kann in einer Klasse, wo viele Kinder das gleiche Material wünschen, ein Problem darstellen. Auch in die Lösung dieses Problems darf nicht eingegriffen werden, wenn es nicht verlangt wird: Die Kinder lösen es allein. Die Lehrerin hat nur die Aufgabe, neue Gegenstände zu zeigen, wenn sie merkt, dass die Kinder alle möglichen Tätigkeiten mit den zuvor benutzten erschöpft haben.

Die Fähigkeit der Lehrerin, nicht einzugreifen, kommt wie alle anderen mit der Praxis, aber nicht mit der gleichen Leichtigkeit. Sie muss sich zu geistiger Größe erheben. Die wirkliche Geistigkeit besteht darin, zu verstehen, dass auch Hilfe Hochmut sein kann.

Die wahre Hilfe, die eine Lehrerin geben kann, liegt nicht im Befolgen eines impulsiven Gefühls, sondern entspringt der disziplinierten Liebe, die mit Verstand angewandt wird, denn die Liebe gibt größere Genugtuung dem, der sie gibt, als dem, der sie empfängt. Die wirkliche Liebe dient den Armen, ohne sich zu erkennen zu geben, und wenn sie entdeckt wird, gibt sie sich nicht als Hilfe, sondern als eine natürliche, spontane Handlung aus.

Obwohl das Verhältnis zwischen Kind und Lehrerin auf geistigem Bereich liegt, kann die Lehrerin für ihr Verhalten ein Beispiel beim guten Diener finden. Er hält die Bürsten des Herrn in Ordnung, aber er sagt ihm nicht, wann er sie benutzen soll; er bereitet sorgfältig das Essen vor, aber befiehlt ihm nicht, zu essen; er trägt das Mahl auf ohne Kommentar und verschwindet. So muss man sich mit dem in der Bildung befindlichen Geist des Kindes verhalten. Der Herr, dem der Lehrer dient, ist der Geist des Kindes. Wenn dieser einen Wunsch äußert, muss er bereit sein, ihn zu erfüllen. Der Diener stört den Herrn nicht, wenn dieser allein ist; wenn dieser ihn jedoch ruft, wird er kommen, um zu hören, was gewünscht wird, und wird antworten: ‚Ja, mein Herr.' Er bewundert, wenn man von ihm verlangt zu bewundern, und sagte: ‚Wie schön!', auch wenn er nichts Schönes sieht. Wenn also ein Kind seine Arbeit mit großer Konzentration durchführt, müssen wir uns nicht einmischen, wenn es aber zu verstehen gibt, dass es unseren Beifall wünscht, geben wir ihn großzügig.

In der seelischen Beziehung zwischen Lehrer und Kind ähneln Verhältnis und Technik denen des Dieners: dienen und gut dienen, dem Geist dienen. Das ist vor allem auf dem Gebiet der Erziehung etwas Neues. Es handelt sich nicht darum, das Kind zu waschen, wenn es schmutzig ist, und seine Kleidchen auszubessern oder zu säubern. Wir dienen nicht dem Körper des Kindes. Wir wissen, dass das Kind diese Dinge allein tun muss, wenn es sich entwickeln soll. Unsere Unterweisung hat zur Grundlage, dass dem Kind *nicht* in diesem Sinn gedient wird. Das Kind muss die physische Unabhängigkeit erlangen, indem es sich selbst genügt; die Unabhängigkeit des Willens durch die eigene und freie Wahl; die Unabhängigkeit des Gedankens durch eine Arbeit, die ohne Unterbrechung von selbst geleistet wurde. Die Kenntnis der Tatsache, dass die Entwicklung des Kindes einen Weg aufeinanderfolgender Unabhängigkeitsgrade durchläuft, muss uns Richtlinie im Verhalten ihm gegenüber sein. Wir müssen dem Kind dazu verhelfen, von sich aus zu handeln, zu wollen und zu denken. Das ist die Kunst des Dieners des Geistes, eine Kunst, die sich vollkommen im Bereich der Kindheit ausdrücken kann.

Wenn das Verhalten der Lehrerin den Erfordernissen der Kindergruppe entspricht, die ihr anvertraut ist, wird sie in ihrer Klasse in überraschender Weise soziale Eigenschaften erstehen sehen und sich daran freuen, diese Äußerungen des kindlichen Geistes zu beobachten. Diese zu sehen ist ein großes Privileg, das Privileg des Pilgers, der die Oase erreicht und die Wasser aus dem sandigen Grund quillen hört, aus dieser Wüste, die vom Feuer ausgedörrt schien, ohne Hoffnung. Da im allgemeinen die höheren Eigenschaften der menschlichen Seele im Kind verfälscht und versteckt sind, begegnet ihnen die Lehrerin, die sie vorausgefühlt hatte, bei ihrem Auftreten mit der Freude belohnten Glaubens. Und in den Eigenschaften des Kindes sieht sie den Menschen, wie er sein sollte: den Arbeiter, der nie ermüdet, weil er von ständiger Begeisterung angetrieben ist; der die größte Anstrengung sucht, da er ständig bemüht ist, die Schwierigkeiten zu überwinden; der versucht, wirklich den Schwächeren zu helfen, weil er im Herzen die echte Liebe hat, die weiß, wie die anderen respektiert werden müssen. Denn die Achtung vor der geistigen Anstrengung eines jeden Individuums ist das Wasser, das die Wurzeln seiner

Seele tränkt. Unter diesen Eigenschaften wird die Lehrerin das wahre Kind erkennen, den Vater des wahren Menschen.

Aber das geschieht allmählich. Die Lehrerin beginnt sich zu sagen: ‚Ich habe das Kind gesehen, wie es sein sollte, und es hat meine Erwartungen übertroffen.' Das bedeutet die Kindheit verstehen: Es genügt nicht zu wissen, dass das Kind Johannes heißt, dass sein Vater Tischler ist oder ähnliches. Die Lehrerin muss das *Geheimnis der Kindheit* kennen und leben. Wenn man in dieses Geheimnis eindringt, erlangt man mit einer tieferen Kenntnis zugleich auch eine neue Art der Liebe, die sich nicht an das Individuum an sich klammert, sondern sich dem zuwendet, was unter der Dunkelheit dieses Geheimnisses verborgen ist. Man versteht vielleicht zum ersten Male, was wirkliche Liebe ist, wenn die Kinder ihren Geist offenbaren. In dem dieser sich offenbart, verändert er die Lehrerin.

Man ist bewegt und verändert sich langsam. Man kann nicht aufhören, zu sprechen und zu schreiben von dem, was man gesehen hat. Man vergisst die Namen der Kinder, aber man kann nicht den Eindruck auslöschen, den die Äußerungen ihres Geistes in uns hervorrufen, und die Liebe, die sie erwecken.

Es gibt zwei Stufen der Liebe. Wenn man von Liebe zu den Kindern spricht, bezieht man sich oft auf das Umsorgen, die Liebkosungen, die man den Kindern zuwendet, die wir kennen und die in uns Zärtlichkeit hervorrufen – und wenn wir in einer geistigen Verbindung zu ihnen stehen, drückt sie sich darin aus, sie beten zu lehren.

Aber die Stufe, von der ich spreche, ist eine andere. Hier ist die Liebe nicht mehr persönlich oder materiell: Wer den Kindern dient, fühlt, dass er dem Geist des Menschen dient, dem Geist, der sich befreien muss. Der Niveauunterschied wurde wirklich ausgeglichen, aber nicht von der Lehrerin, sondern vom Kind: Die Lehrerin fühlt sich auf ein Niveau getragen, das sie noch nicht kannte. Das Kind hat sie bis zu seiner Sphäre wachsen lassen."

(Aus: Maria Montessori, „Das kreative Kind", S. 249 ff.)

Die Montessori-Lehrerin bereitet nicht in erster Linie den zu unterrichtenden Stoff nach methodisch didaktischen Überlegungen und Gesichtspunkten vor, sondern vielmehr ihr eigenes Vorstellungsvermögen, ihre Beobachtungsaufgaben und mögliche Reaktionen, die sich daraus ergeben. Sie hofft auf die Offenbarung des Kindes, dass das Kind ihr Einblick gewährt in sein Leben und seine Vorstellungen und sich durch seine Arbeit ihr offenbart.

Hier wird deutlich, dass Montessori-Pädagogik nicht dadurch umgesetzt werden kann, dass Montessori-Material verwendet wird, sondern durch die Grundhaltung und die so andere Sichtweise vom Kind und dem kindlichen Verhalten.

Wenn Montessori die Schule mit der Familienwohnung vergleicht, so deshalb, weil sie deutlich machen will, dass es auf die Atmosphäre, auf das Klima, auf die Ordnung ankommt. Montessori fordert deshalb auch, dass die Lehrerin gepflegt und anziehend sein muss und sie die Umgebung vorbereiten und pflegen soll, damit die Kinder in einer harmonischen, ansprechenden Atmosphäre lernen und arbeiten können. Gleichzeitig ist die Aufmerksamkeit der Lehrerin gefordert, aber ebenso ihre Zurückhaltung. Montessori hält dies für die wohl schwierigste Aufgabe. Die Lehrerin macht hier häufig Fehler. Das ist nicht verwunderlich, da wir doch alle bestrebt sind, dem Kind immer sofort den richtigen Weg zu zeigen. Das führt aber dazu, dass Kinder sich auf die sofortige Hilfestellung durch den Erwachsenen einstellen und sich ihre Eigenaktivität und Selbständigkeit zunehmend verringert.

Montessori schreibt, dass die Fähigkeit der Lehrerin, nicht einzugreifen, erst mit der Praxis käme. Gerade junge Lehrerinnen bräuchten demnach mehr Zeitraum, um die Kinder zu beobachten und dürften sich selbst nicht so stark unter Druck setzen (oder auch unter Druck setzen lassen), jeden kleinen Fehler der Kinder sofort zu verhindern oder zu verbessern.

Gleiches gilt natürlich für alle Erwachsenen. Oft werden wir erstaunt sein, dass das Kind all unsere Erwartungen übertrifft. Wir glauben, dass wir alles vorherplanen und -sehen könnten, verplanen damit oft das Kind, erkennen und entdecken somit erst gar nicht, was im Kind steckt. So sollten wir versuchen, einmal genau zu analysieren und zu vergleichen, was unsere Vorplanung war, welche Erwartungen wir damit verbunden und was wir dann wirklich erreicht haben, was das Kind geleistet hat, was wir ihm vielleicht gar nicht zugetraut hätten. Daran müsste sich dann die Vorbereitung der Umgebung orientieren. Eine Planung für eine Klasse mit 30 einheitlichen Kindern (die es so nicht gibt bzw. geben kann) ist nicht möglich, da ein gleichmäßiger Wissensstand wohl nie ganz erreicht werden kann.

Genau hier zeigt sich aber auch das Unverständnis, das unvorbereitete Eltern einer Montessori-Schule oder einem Montessori-Kindergarten entgegenbringen. Das Niveau der Kinder ist unterschiedlich. In einzelnen Fachgebieten scheinen die Kinder hinter dem Niveau der Parallelklasse an einer Regelschule zurück zu sein, in anderen Fachbereichen sind sie viel weiter. Eltern müssen also vertraut sein mit der Montessori- Pädagogik und den dort praktizierten Methoden. Sie dürfen Kinder nicht in eine Montessori-Schule geben, weil es vielleicht eine Privatschule ist, weil sie glauben, es sei eine bessere Schule, weil sie meinen, ihr Problemkind könnte dort besser vorankommen, ein behindertes Kind könnte problemloser integriert werden.

Das derzeitig wachsende Interesse an Montessori resultiert leider nicht immer aus der Überzeugung zur Montessori-Pädagogik. So ist unverzichtbar, dass Eltern, bevor sie sich für eine Montessori-Einrichtung entscheiden, ausreichend informiert sind und sich klar darüber werden, dass sie ihre häusliche Erziehung auch überdenken müssen, damit eine Stimmigkeit entstehen kann. Der Dialog zwischen Elternhaus und Schule wird unverzichtbar, wenn Erziehung gelingen und Lernen ohne Druck zur Selbstverständlichkeit werden sollen.

So fragte mich kürzlich eine Mutter: „Können Sie mir etwas Näheres über die Montessori-Pädagogik in der Schule sagen? Die Lehrerin meines Kindes arbeitet nach Maria Montessori. Jetzt ist da ein gewaltiger Unterschied zum Lernstoff in der Parallelklasse. Die sind schon viel weiter im Lesen und Schreiben und außerdem lernen sie dies nach ganz anderen Methoden. Jetzt wird auf unsere Lehrerin von einigen Eltern ganz schön Druck ausgeübt. Aber unsere Kinder sind glücklich. Was ist nun dran an der Methode? Haben unsere Kinder Nachteile? Ist unsere Lehrerin vielleicht schlechter?"

Ich fragte nach, wie denn die Lehrerin die Anwendung der Montessori-Prinzipien begründet hätte und musste feststellen, dass sie wohl die Eltern nicht ausreichend informiert hatte. Hätte sie dies getan, hätte sie die Verunsicherung der Eltern verringern können. Die Arbeit in einer Montessori-Schule unterscheidet sich eben nun einmal von der traditionellen Schule, wie wir sie kennen oder selbst erlebt haben.

2.12 Die Methode des Schreibunterrichts

„Die in den Kinderhäusern angewandte Methode zum gleichzeitigen Erlernen von Lesen und Schreiben stellt die äußerste Vervollkommnung einer Methode dar, die ich bereits seit 1899, als ich die Gelegenheit hatte, während der ersten zwei Jahre (1898–1899) ihres Bestehens die Scuola Magistrale Ortofrenica zu leiten, gedanklich fixiert hatte. Diese Schule war als Folge eines von mir im Auftrag des Ministeriums in den drei Scuole Normalia in Rom gehaltenen Vortragszyklus über die besondere Erziehung geistig zurückgebliebener Kinder in Rom gegründet worden.

Ich hatte schon damals ausführlich die didaktischen Materialien studiert, die nach der Methode Séguins in dem berühmten Institut Bicêtre für geistig zurückgebliebene Kinder, das unter der Leitung von Bourneville stand, angewandt wurden; ebenso hatte ich in den Sonderklassen für geistig zurückgebliebene Kinder der Elementarschulen in London und in den wichtigsten Privatinstituten, die sich in der Umgebung der englischen Hauptstadt befinden, solche Studien angestellt.

Dabei lernte ich noch eine ganze Reihe anderer didaktischer Materialien kennen, die in den genannten Einrichtungen und Instituten auf Grund langer und beständiger Erfahrung tradiert wurden, außerdem solche, die sich aus dem technischen Fortschritt von der Zeit Séguins bis heute, z. B. Projezieren, Maschinen usw., ergeben haben. Und so beschritt ich diesen didaktischen Weg bei den geistig behinderten Kindern; ich war dafür nicht nur durch ein eingehendes Studium der klassischen Methode vorbereitet, sondern auch durch breite Erfahrungen, die ich im Ausland gesammelt hatte und die mir die Möglichkeit gaben, eine Serie von didaktischen Hilfsmitteln *auszuwählen* und sie in einer einzigen Methode zusammenzufassen. Da es aber nicht mein Ziel war, einfach von anderen zu übernehmen, sondern auf Grund von Versuchen und möglicherweise durch die Vervollkommnung schon angewandter Methoden zu experimentieren (übrigens ein Ziel, das sich fast alle Erzieher geistig behinderter und anormaler Kinder gesetzt haben), glückte mir neben anderen besonderen didaktischen Reformen auch diese, eine neue Methode zum Erlernen des Schreibens einzuführen.

Aus Übungsheften, die man ja immer am Anfang des Schreibenlernens verwendet, hatte ich, wie auch schon Voisin, bemerkt, dass die geistig behinderten Kinder zwar die Seiten mit geraden Strichen beginnen, sie dann aber in einer Reihe von Kurven von der Form des C auslaufen lassen, wobei diese immer mehr C-förmig werden, je mehr man sich dem Ende der Seite nähert. Das brachte mich auf den Gedanken, dass der Strich nicht das leichteste und spontanste Zeichen für das Kind ist und folglich nicht die erste Schreibübung darstellen soll. Tatsächlich findet man auch bei normalen Kindern als spontane Zeichnung niemals eine Reihe von kleinen Geraden; sondern wenn das Kind z. B. mit einem kleinen Stock irgendwelche Zeichen in den Sand malt, sind diese zum großen Teil breitkurvig und sehr verschlungen, so als lägen dem Kind von Natur aus einfache graphische Zeichen fern. Wenn man dann über die geometrische Gestalt der Linien nachdenkt, bringt man leicht heraus, dass eine gerade Linie viel schwerer zu zeichnen ist als eine gebogene, weil die Gerade nur eine einzige Richtung hat und deshalb darin vorbestimmt ist, während die gebogene Linie jede beliebige Richtung außer der geraden haben kann.

Da geistig behinderte Kinder nur geringerer Aufmerksamkeit fähig sind, wurde in ihren Schreibheften jener methodische Fehler sehr deutlich sichtbar, den normale Kinder dank ihrer Intelligenz gut zu verdecken wussten.

Nachdem also der allgemein gewohnte Anfang mit Strichen abgeschlossen war und fest stand, dass die spontane Zeichnung des Kindes mehr komplex als einfach ist, erwog ich, ob es nicht möglich wäre, den Schreibunterricht unmittelbar vom Alphabet her aufzubauen. Und um zu erreichen, dass die Kinder die *Form* des Buchstabens besser erkennen könnten, dachte ich daran, die Methode Séguins anzuwenden, jene Methode also, die er benutzte, um im Bewusstsein des Kindes die *Form* der Gegenstände allgemein zu befestigen, wobei er die Kinder lange Zeit die Konturen der Gegenstände nachfahren ließ, wie es die Blinden tun.

Mit diesem Vorgehen hätte man zweierlei erreichen können: erstens, die Form des Buchstabens mit Hilfe des Tastsinns dem Gedächtnis des Kindes besser einzuprägen, zweitens, dadurch unmittelbar die *Schreibbewegungen* vorzubereiten. Deshalb verfuhr ich folgendermaßen: zuerst ließ ich die Kinder mit der Fingerspitze die Umrisse der Buchstaben in Schreibrichtung nachfahren. Dann ließ ich sie in einer zweiten Übung mit Hilfe eines Holzstäbchens, das wie ein Bleistift gehalten wurde, die Buchstaben nachziehen. Und von da aus ging ich dann über zum freien Schreiben eines ganzen Buchstabens auf der Schiefertafel. Als ich diese Methode den Lehrern mitteilte, ließ ich deutlich werden, dass es wünschenswert wäre, ein sozusagen negatives Alphabetarium zu haben, das an Stelle des Buchstabens eine Vertiefung hätte, in die das Kind den zum Nachfahren der Buchstaben verwendeten Stab einführen und dem Zeichen, oder besser der Vertiefung, in

Schreibrichtung folgen könnte. Denn dadurch hätte das Kind einen ‚materiellen Führer' zur erwünschten Schreibbewegung.

Séguin selbst war, angeregt durch die Schwierigkeiten, welche die geistig behinderten Kinder bei dem Ziehen der Striche hatten, auf eine Reihe von Notlösungen gekommen, darunter auch jene Methode, einen dem Strich entsprechenden Hohlraum aus einem Holzbrett auszukratzen, das man dann auf das Papier legt, damit die Hand des geistig zurückgebliebenen Kindes bei seinen ersten Schreibversuchen eine gute Hilfe hat.

Die von mir zwei Jahre lang bei geistig zurückgebliebenen Kindern angewandte Methode hatte mich zu neuen und außerordentlich erstaunlichen Ergebnissen geführt. Es war mir nämlich geglückt, diese Kinder alle Buchstaben des Alphabets und bald auch Wörter schreiben zu lassen, wobei ich eine solche Form der Schriftzeichen und eine solche Sauberkeit der Hefte erreichte, dass sie mich selbst überraschten. Und meine Überraschung war so groß, dass ich mir überlegte, mit wieviel größerem Erfolg diese Methode bei normalen Kindern angewandt werden könnte.

Da ich tatsächlich Gelegenheit gehabt habe, mich mit der didaktischen Organisation der ‚Case dei Bambini' zu beschäftigen, habe ich versucht, diese Methode dort anzuwenden. Meine Erfahrung damit hat mir einige Modifikationen nahegelegt, und diese waren geeignet – hier schmeichle ich mir selbst! – ein neues Verfahren des Schreibenlernens bei normalen Kindern aufzustellen.

Ich gehe von den aus Eisen hergestellten Einsätzen aus, wie sie in dem Lehrgang für manuelle Arbeit am Riformatorio S. Michele in Rom verwendet werden. Aus ihnen habe ich die einfachsten geometrischen Formen ausgewählt (Kreis, Ellipse, Quadrat, Rechteck, Dreieck usw.); ich habe sie nur etwas in den Farben verändert (Rot für den Rahmen, Blau für die eingelegten Formen). Außerdem habe ich in der Mitte der Einlegeform zum besseren Anfassen einen Knopf angebracht.

Diese quadratischen Plättchen von ca. 10 cm Breite sind leicht zu handhaben, und man kann sie gut auf ein Zeichenblatt legen. Das Kind umreißt mit einem Bleistift die geometrische Form, indem es dem inneren Rand des Rahmens entlangfährt; legt man nun den Einsatz auf die mit dem Bleistift gezogene Figur und umfährt ihn außen, wiederholt man dieselbe Zeichnung.

So entsteht auf dem Papier eine einfache geometrische Figur, deren Linien doppelt gezogen wurden. Und damit die beiden Zeichnungen noch besser zur Geltung kommen, werden sie mit verschiedenen Farben nachgezeichnet. (Das Kind war bei den vorhergegangenen Sinnesübungen bereits mit den Einsätzen in Berührung gekommen und war inzwischen gewohnt, die Umrisse der geometrischen Formen mit der Fingerspitze nachzufahren.)

‚Durch diese Übung lernt das Kind, Linien zu ziehen mit Hilfe einer eisernen Linie, und es gelangt vor allem zu der Idee, dass ein graphisches Zeichen eine Form einschließen kann.'

In einer zweiten Phase malt das Kind mit einem Bleistift, der wie beim Schreiben gehalten wird, die geometrische Figur aus, wobei es aufpassen muss, dass es nicht über den Rand hinausfährt.

Am Anfang füllt das Kind die Zeichen gewöhnlich mit den verschiedensten Farben aus, die es frei nach seinem ästhetischen Empfinden auswählen kann. (Anwendung der Übungen des Farbensinnes.) Nachdem es die Form zweimal umfahren und sie dann ausgemalt hat, gebraucht es ein und dieselbe Farbe und reproduziert so die Form des Einsatzes als Ganzes.

‚Durch diese Übung lernt das Kind die freie Führung des Schreibinstrumentes (Bleistift); und zugleich erfasst es noch stärker, dass das graphische Zeichen eine Form einschließen kann (d. h. den Raum abgrenzen, den das Kind ausmalt)'.

(Das alles geschieht jedoch, ohne dass das Kind selbst mit freier Hand eine Figur zeichnet, denn *ein Instrument handhaben* und *eine Figur zeichnen* sind zwei ganz verschiedene Dinge, die man deshalb auch getrennt lernen sollte.)

Solche Zeichenübungen, die zur Vorbereitung des Schreibens dienen, werden auch nach dem Beginn des eigentlichen Schreibunterrichtes fortgeführt.

Das gleichzeitige Erlernen von Lesen und Schreiben

Man gibt dem Kind kleine glatte Kärtchen von quadratischer Form, die genauso groß sind wie jene Rahmen. Auf diese Karten ist irgendein Buchstabe des Alphabets aufgeklebt, der ungefähr so hoch ist wie die geometrischen Figuren der Einsätze (8 cm). Dieser Buchstabe ist aus Schmirgelpapier ausgeschnitten.

Zuerst werden dem Kind gleichzeitig zwei Buchstaben von verschiedener Form vorgelegt, z. B. O und I.

Der Lehrvorgang selbst erfolgt in drei Stufen:

1. Stufe (Der Sinneseindruck durch Sehen und Fühlen)
Wenn die Lehrerin dem Kind die Gegenstände vorlegt, soll sie ihre Tätigkeit und ihre Worte auf das kleinstmögliche Maß beschränken, denn alles Überflüssige würde die Aufmerksamkeit der Kinder vom eigentlichen Zweck, nämlich dem Lernen, ablenken. Die Lehrerin soll also in unserem Fall einfach auf die betreffenden Gegenstände hinweisen und nur sagen: ‚Das ist O. Das ist I!' Unmittelbar danach soll die Lehrerin den Buchstaben wie beim Schreiben nachfahren lassen und dabei nichts weiter sagen als: ‚Berühre es, fühle O, fühle I!' Dabei soll sie den Finger des Kindes mitführen, um am Anfang die erwünschte Bewegung zu erleichtern.

2. Stufe (Das Wiedererkennen)
Das Kind soll die Formen vergleichen und erkennen können, ohne sie noch zu benennen. Zu diesem Zweck soll die Lehrerin, wenn das Kind die zwei Figuren auf dem Tisch liegen hat, einfach zu ihm sagen: ‚Gib mir O, gib mir I!'

Manchmal kommt es vor, dass das Kind vom Hinsehen allein die Figuren nicht unterscheiden kann, während es sie durch das Berühren sofort erkennt; deshalb sollte die Lehrerin das Kind immer, wenn es unsicher wird, auffordern, die Buchstaben zu berühren. Wenn das Kind aber auch dann den richtigen Buchstaben noch nicht herausfindet, soll sie für den Moment nicht weiter darauf bestehen, die Übung zu wiederholen oder fortzuführen.

3. Stufe (Die Sprache)
Nun lässt man das Kind den Vokal benennen. Während die Lehrerin ihm die Karte zeigt, fragt sie: ‚Was ist das?'

Diese drei Lehrstufen müssen unmittelbar aufeinanderfolgen und sind Teile einer einzigen Lektion.

Die Methode erleichtert das Einprägen der Bilder, denn wenn das Kind bei der ersten Stufe die Figur des Buchstabens *betrachtet* und gleichzeitig *berührt*, prägt sich das Bild gleich durch zwei Sinneseindrücke ein.

Die Methode führt außerdem gleichzeitig zum Lesen und Schreiben, denn während das Kind den Buchstaben betrachtet, bereitet es sich auf das Lesen vor, und indem es ihn berührt, erlernt es die Schreibbewegung.

Wir gehen dann dazu über, Formen darzubieten, die nach Möglichkeit einander ähnlich sind, ohne dass freilich dieser Gesichtspunkt über den anderen die Oberhand gewinnt, nämlich den der Überwindung der graduellen Schwierigkeiten, die bei der Aussprache und Syllabation der Konsonanten auftreten. Ähnlich werden dann die anderen Vokale und Konsonanten vorgelegt, letztere aber ausschließlich durch die phonetisch-syllabische Methode. Wenn man also den Konsonanten vorlegt, muss dabei der *Klang* ausgesprochen werden, niemals der Name. Und unmittelbar danach muss dem Konsonanten ein Vokal angefügt werden, der seine Aussprache im Gesamtklang der so entstehenden Silbe erleichtert. In den drei aufeinanderfolgenden Stufen der Lektion aber muss die Lehrerin den Klang des Konsonanten angehen und sich auf diesen beschränken, ohne ihn durch einen Vokal zu unterstützen.

Diese punktuelle Übung der stummen Aussprache wird der Lehrerin durch die Schwierigkeiten, die das Kind hat, die Mängel oder individuellen Unvollkommenheiten der kindlichen Sprache aufzeigen. Diese Unterrichtsmethode muss nicht durch das ganze Alphabet hindurch angewandt werden, noch ist es notwendig, erst alle Vokale abzuschließen, bevor man zu den Konsonanten übergeht. Es ist im Gegenteil notwendig, gleich weiterzugehen zur Zusammensetzung der *Wörter*, wobei man mit den zweisilbigen beginnt, die das Kind ja spontan zuerst in seiner Sprache gebraucht.

Hier beginnen zwei verschiedene Übungen, die auch zwei verschiedene didaktische Hilfsmittel erfordern; wir haben sie folgendermaßen zusammengestellt:

1. Die Karten zur Vorbereitung der Schreibbewegung

Diese bestehen aus glatten Kartonkärtchen, auf die verschiedene Buchstaben aus Schmirgelpapier aufgeklebt sind. Sie sind geordnet nach der Ähnlichkeit der Form der Buchstaben. An diesen Kärtchen üben sich die Kinder darin, *die Buchstaben in der Schreibbewegung nachzufahren.*

2. Die Kästchen mit beweglichen Buchstaben

Wir haben sehr einfache Kästchen aus Karton gebaut, die Gruppen von Buchstaben enthalten, die wir entweder nach der Ähnlichkeit des Klanges und der Schwierigkeit der Aussprache oder nach dem Grad der Möglichkeit, Silben zusammenzusetzen, geordnet haben.

Auf dem Boden jedes Faches ist ein Buchstabe aufgeklebt, und in dem Fach liegen übereinander mehrere Exemplare des gleichen Buchstabens, die aus farbigem Karton ausgeschnitten sind. Aus diesen beweglichen Buchstaben setzt das Kind auf seiner Bank die Wörter zusammen.

Das Kind soll aus dem Kästchen den Buchstaben, den es braucht, *wählen* und nach Beendigung der Übung dorthin zurücklegen. Bei jedem Wort, welches das Kind zusammensetzt, übt es sich auf diese Weise dreimal im Erkennen jedes Buchstabens, der zur Bildung des Wortes notwendig ist, und dabei erscheint die ganze Übung als Spiel. Durch die Wiederholung solcher Übungen wird das Kind fast unmerklich auf das Schreiben vorbereitet, denn es bilden sich alle dafür notwendigen Voraussetzungen, bevor sich überhaupt nur ein Willensakt des Kindes auf das Schreibenlernen richtet.

In der Tat ist es so:

1. Das Kind kennt die Bedeutung der eine Form abgrenzenden Linie;
2. es verfügt über den Mechanismus der Muskeln, das Schreibinstrument (den Stift) frei zu handhaben;
3. es kennt die graphischen Zeichen und die jeweilige Bedeutung der Buchstaben des Alphabets als Darstellung von sprachlichen Klängen, und es kennt auch ihre Zusammensetzung zu Wörtern;
4. schließlich, und das ist hier die fundamentale Erkenntnis, hat sich das Kind die jeweiligen Bewegungen beim Schreiben des ihm bekannten Buchstabens eingeprägt und vollzieht sie fast schon mechanisch; und das Gedächtnis für diese Bewegungen hat zweifellos eine Hilfe in den Tastbildern (Schmirgelpapier), die es ständig verwendet hat.

Das Kind ist auf diese Weise auf das Schreiben vorbereitet worden, *ohne dass es selbst bisher geschrieben hat*. Wir können aber sagen, dass wir im Kind eine große Anzahl von Bewegungen eingeprägt haben, durch die nunmehr eine motorische Tätigkeit erfolgen kann, die unter Umständen zum Schreiben eines Wortes führt, von dem schon unzählige Vorstellungen intellektueller Art sich im Kind gebildet haben. Deshalb erwarten wir jetzt von ihm den freiwilligen, spontanen Ausbruch, der es zum Schreiben führt! Und tatsächlich geschieht es, dass das Kind, entweder auf Grund eines emotionalen Stimulus oder durch Nachahmung in einem bestimmten Augenblick eine Kreide oder einen Bleistift ergreift und *schreibt*. Es schreibt dann ein Wort, das für das Kind zweifellos einen Begriff darstellt. So gewinnt die Entwicklung der geschriebenen Sprache bemerkenswerte Ähnlichkeit mit jener der gesprochenen Sprache.

Es gibt in der Biographie des Kindes den Augenblick, in dem es zum ersten Mal geschrieben hat. Erst wenn das Phänomen spontan zu einer Vollendung gelangt ist, d. h. wenn sich im Kind die geschriebene Sprache entwickelt hat, soll die Arbeit der Lehrerin einsetzen, um zu ermuntern und den weiteren Ablauf dieser Entwicklung zu lenken. So kann sie das Kind auffordern, auf die Tafel zu schreiben, kann ihm helfen, die Orientierung der Zeichen im Raum zu finden, die dimensionalen Proportionen der Buchstaben beizubehalten, indem sie horizontale Linien auf die Tafel zieht und zulässt, dass das Kind, das ganz von allein die Lehrerin nachahmt, von sich aus die Linierung vorbereitet, die zum regelmäßigen Schreiben notwendig ist."

(Aus: Maria Montessori, „Texte und Diskussion", S. 60 ff.)

Um das Lernen nach Methoden der Montessori-Pädagogik zu verstehen, ist es aufschlussreich, wenn wir z. B. die Methode des Schreibunterrichts näher betrachten. Bei der Beobachtung der Schreibversuche bei geistig behinderten Kindern entdeckte Maria Montessori, dass diese runde Formen, Schwünge etc. bevorzugten und Probleme hatten, gerade Striche auf das Papier zu bringen. Montessori besann sich auf die

Methode der Sinneswahrnehmung und entwickelte Sandpapierbuchstaben in sogenannter Schreibschrift (eben der runden Formen wegen). Den Kindern wird es so möglich, durch die Isolierung eines Sinnes, nämlich des Tastsinns, eine Form (Buchstaben) aufzunehmen. Bereits im Kindergarten arbeiten die Kinder gerne mit den Sandpapierbuchstaben. Eltern möchten dies häufig forcieren, weil sie glauben, dass sie ihr Kind schon sehr früh in schulische Techniken einführen müssten. So entsteht oft die Kritik an Montessori, dass sie ihre Methoden zu stark kognitiv ausgerichtet hätte und bereits im Kindergartenalter der Schule vorgreifen würde.

Ich selbst habe jedoch schon bei drei- bis vierjährigen Kindern beobachtet, wie sie mit Freude einen einzelnen Buchstaben befühlt, mit den Fingern nachgefahren und dann sogar versucht haben, ihre Wahrnehmung auf Papier festzuhalten (und dies ohne einen Gedanken auch nur an Lesen und Schreiben zu verwenden).

Wenn also Eltern die Montessori-Schule für ihr Kind auswählen mit der Absicht, dass ihr Kind schon viel früher und schneller schreiben und lesen lernt, so werden sie sicher enttäuscht sein. Ähnlich ist es mit vielen anderen didaktischen Materialien. Sie bereiten zwar auf das Schreiben vor (durch Sensibilisierung und Übung der Feinmotorik), aber werden nicht mit diesem engen Ziel eingesetzt und erst recht nicht vom Kind mit dieser Absicht ausgewählt.

Wir Erwachsenen werten den Erfolg eines Kindes viel zu sehr mit Blick auf das schulische Lernen und vergessen völlig die Prinzipien, die die eigentliche Pädagogik Maria Montessoris ausmachen.

Nach dem reinen Befühlen kommt das Betrachten hinzu, das Kind erlebt und prägt sich dadurch zwei Sinneseindrücke ein (die Einführung erfolgt durch die Lehrerin auf der Basis der Drei-Stufen-Lektion nach Maria Montessori). Das Kind wird – wie vorher von Montessori beschrieben – auf die vielfältigste Weise auf das Schreiben vorbereitet, ohne jedoch selbst zu schreiben. Die notwendigen Schreibbewegungen (durch das Abtasten und mit den Fingern nachzufahren) sowie die sichtbare Form (durch das Betrachten) haben sich dem Kind eingeprägt. Wenn ich da z. B. an viele schreckliche Arbeitsblätter in Kindergärten denke, die Kinder zwingen, Buchstaben in kleinste Zeilenabstände zu schreiben ...!

Diese Schreibversuche wirken zittrig, formfremd und nehmen dem Kind die Freude am Schreiben, anstatt es zum Schreiben zu motivieren. Warum also nicht mehr Wert auf richtige indirekte Vorbereitung legen? Selbst in der Grundschule könnte zur Hinführung zum Schreiben mancher Gedanke aus der Montessori-Pädagogik Eingang finden und den Kindern zu mehr Erfolg und Freude verhelfen.

2.13 Frühe Mathematik

Wie ist unsere Nation aufgeschreckt beim Ergebnis der TIMSS-Studie. Es wurde offensichtlich, dass unsere Kinder Schwächen im Bereich Mathematik aufweisen. Also ran, je früher desto besser! Mathematikspiele, Zahlenteppiche, Zahlenleitern etc. wurden kreiert und Rezepte über Rezepte publiziert. Eine Rückbesinnung auf mathematische Frühförderung in den pädagogischen Konzepten bei Fröbel, Montessori und anderen ist nicht zu erkennen. So kommt es auch nicht zu einer Auseinandersetzung mit der „Bildung des mathematischen Geistes“ bei Montessori.

Sie vertritt die Auffassung: „Das gesunde Kind hat einen mathematischen Geist". Ob wir Erwachsene dies erkannt haben, und das Kind auch im Bereich der Mathematik dort abholen, wo es steht?

Der „mathematische Geist" wird schon sehr früh wirksam und zwar überall dort, wo z. B. das Augenmaß gebraucht wird: Beim Greifen, Treppensteigen, Aufbauen des Turmes usw.. Der Pädagoge, Mathematiker und Physiker, Martin Wagenschein (1896–1988) sagte dazu immer wieder in seinen Vorlesungen an der Universität: „Jeder von uns kann das, wenn ihm nur eins gegönnt ist: Die Möglichkeit zum ruhigen, selbsttätigen, eindringlichen und inständigen Nachdenken … Die wunderbare Wirkung, die das mathematische Denken auf den erwachten Geist des jungen Menschen hat, kommt nur dann zu Stande, wenn der Funken der echten und vollkommenen Einsicht zündet … Der übliche Unterricht aber, von Ausnahmen abgesehen, bewirkt, dass dieser wunderbare Garten des menschlichen Geistes, der wie kein anderer allen offen steht, den meisten wie ein staubiger und steiniger Exerzierplatz vorkommt".

Er hat Montessoris Arbeit gut studiert und beobachtet. Maria Montessori gibt dem Kind ein Material in die Hand, das die geforderte Möglichkeit zum „ruhigen, selbstständigen, eindringlichen und inständigen Nachdenken bietet. Bereits die Einsatzzylinder, an denen sich die Polarisation der Aufmerksamkeit zeigte, der Turm und die Treppe, vermitteln dem kleinen Kind nicht nur Freude am Tun, sondern im Unterbewusstsein mathematische Erfahrung, die dem Schulkind später ohne Mühe zur bewussten Erkenntnis wird. Noch deutlicher wird dieser Vorgang beim trinomischen Kubus, den konstruktiven Dreiecken, den geometrischen Körpern und der geometrischen Kommode. Die Kommode zeigt unter anderem auch, wie die Abstraktion allmählich fortschreitet und sichtbar wird.

Das sind einige Beispiele der Begegnung des Kindes mit der Mathematik beim Montessori-Material. Alles Erfahrene geschieht mit dem Material und zwar so lange, bis die Abstraktion schrittweise von selbst erfolgt. Das gesamte Material zur Mathematik zeigt diesen Weg zur Abstraktion. Parallelspiele und abgewandelte Übungen sorgen für Wiederholung und Einprägung. Ein solcher Vollzug des Abstraktionsprozesses kann nicht im „Gleichschritt" einer Klassengemeinschaft erfolgen. Er ist an die individuelle Entwicklungsphase des einzelnen Kindes gebunden: „ … zunächst muss im Konkreten vollkommene Klarheit herrschen, dann muss das Kind eine gewisse geistige Reife erreicht haben" (Maria Montessori).

Das Kind selbst entscheidet, wann es das Material beiseite legt und es bereit ist für die Abstraktion.

Die mathematische Frühförderung bei Montessori beginnt indirekt bereits mit dem Einsatz des Sinnesmaterials. Dabei lernt das Kind Dimensionen erkennen, in denen es mit den roten Stangen, der braunen Treppe, dem rosa Turm, den Einsatzzylindern oder den knopflosen Zylindern arbeitet. Geometrische Formen lernt das Kind bei der Arbeit mit der Geometrischen Kommode, den geometrischen Körpern, den konstruktiven Dreiecken, den binomischen oder dem trinomischen Kubus kennen.

Bald schließt sich die Einführung in die Zahl an. Hier sind das klassische Material die numerischen Stangen (die sogenannten blau-roten Stangen). Bei dem Material handelt es sich um 10 Stangen. Diese sind durch die Farben blau und rot in Einheiten eingeteilt, beginnend mit rot bei der kürzesten Stange. Die Maßeinheit für eine Einteilung ist ein Dezimeter. Die einzelnen Stangen werden nach der Anzahl ihrer Abschnitte benannt. Drei Abschnitte ist gleich „dritte Stange" oder"das ist Drei"

Das Kind lernt die Stangen kennen und beginnt damit zu arbeiten. Seine Erfahrungen macht es selbst damit, sie werden ihm nicht von der Lehrerin ‚gelehrt'. Die Stangen liegen geordnet auf einer Matte. Zunächst werden nur die ersten drei Stangen eingeführt. Hierzu verwendet man die schon bekannte Drei-Stufen-Lektion:

1. Man nimmt die erste Stange, berührt sie mit der anderen Hand und sagt: „das ist eins". Ebenso zeigt man die zweite Stange; „dies ist zwei". Die dritte Stange wird in gleicher Weise eingeführt. Die Lehrerin spricht den Namen klar aus und fordert das Kind auf, ihn zu wiederholen, auf die gleiche Weise jeden Abschnitt zu berühren und dabei zu zählen. Durch die Berührung erfährt das Kind die Dimension.

2. Die Stangen werden gemischt. Das Kind wird gebeten die Eins, Zwei oder Drei zu geben. Die Stangen werden immer wieder gemischt.

3. Man nimmt eine der drei Stangen und fragt das Kind nach dem Namen, um ihm die Möglichkeit zu geben, die Stange selbst zu benennen. Erst wenn das Kind selbst fragt, ob noch weitere Stangen eingesetzt werden könnten, sollten diese eingeführt werden.

Wichtig ist, dass die Stangen immer wieder vermischt werden. Das Kind berührt, zählt und überblickt die Abschnitte der

Stange. Durch das Zählen prägt es sich die numerische Ordnung ein. Ziel ist das Kennenlernen und die Reihenfolge der Zahlen. Das Kind sieht und erkennt, dass jede Zahl durch eine entsprechend große Stange dargestellt wird. Bereits mit vier Jahren wird sich das Kind begeistert damit beschäftigen.

Ein weiteres Material sind die Sandpapierziffern. Dabei handelt es sich um zehn blaue oder rote Brettchen, auf die aus Sandpapier die Ziffern 0 bis 9 geklebt sind. Am Anfang legt man die 0 beiseite. Sie wird viel später eingeführt. Wieder wird mit Hilfe der Drei-Stufen-Lektion verfahren und mit drei Ziffern begonnen:

1. Man fährt mit den beiden ersten Fingern über das Zeichen, als ob man schreibe. Dabei sollte man auf die Schreibrichtung achten. Gleichzeitig sagt man den Namen: „Dies ist Eins“. Das Kind wiederholt. Zwei und drei werden genau so eingeführt.

2. Nach dem Mischen der Ziffern wird das Kind aufgefordert, die Eins, Zwei oder Drei zu geben. Wieder fährt es in Schreibrichtung mit den Fingern über das Zeichen, benennt und gibt sie. Durch das Nachfahren prägt sich die Zahl ein.

3. Man zeigt eine Ziffer und fragt: „was ist das?“. Das Kind folgt dem Zeichen mit den Fingern und benennt es. So lernt das Kind die Zeichen zu Zahlen kennen, die ihm schon vertraut sind und erhält so den „Schlüssel zur Welt der geschriebenen Zahlen“. Im eigentlichen Sinn wird hiermit das Schreiben der Ziffern direkt vorbereitet.

Es können hier nur einige der Mathematikmaterialien exemplarisch vorgestellt und die Arbeit damit behandelt werden. Aber so wird deutlich, wie intensiv Montessori sich bereits mit der Mathematik befasst.

Interessant sind die Spindeln. Zwei gleich große Kästen haben jeweils fünf Fächer. Auf der Rückseite eines jeden Faches steht eine Ziffer, die Ziffern stellen die Zahlenreihe von 0 bis 9 dar. Dazu gehören 49 Spindeln und 8 Gummiringe. Und wie wird das Material nun dargeboten und wie kann das Kind damit üben und arbeiten? Man zeigt dem Kind die beiden Kästen und fordert es auf, die Ziffern auf der Rückseite der Fächer zu lesen. Die erste Ziffer ist die 0. Man sagt: „Das ist Null. Null ist nichts. Da kommt nichts hinein". Dann lässt man das Kind die Anzahl der Spindeln in die Fächer hineinzählen, die die Ziffern auf deren Rückseiten angeben. Mit den Gummiringen kann das Kind die Spindeln zusammenhalten, um die Einheit zu betonen. Um den Begriff Null zu verdeutlichen, macht man noch einige besondere Spiele, z. B. „Komm einmal zu mir, komme 0 Mal zu mir, bring mir drei Spindeln, bring mir 0 Spindeln" usw. Die Kinder haben viel Spaß dabei, insbesondere dann, wenn die Erzieherin sie auffordert: „Ja dann komm doch endlich 0 Mal zu mir her". Bald werden die Kinder lachen und sagen: „0 Mal ist kein Mal".

Besonderes Augenmerk muss auf das Perlensystem gelegt werden. Es dient beispielsweise der Einführung des Dezimalsystems, der Addition, der Subtraktion und der Multiplikation.

Das Mathematikmaterial in seiner Vielfalt eröffnet dem Kind einen konzentrierten Zugang in den mathematischen Bereich, ohne dass es vom Lehrer ständig „belehrt" werden müsste.

Die sich bildende Personalität offenbart sich in jeder Aktivität des Kindes. Dies geschieht auch bei den Übungen mit dem Sinnesmaterial. Was ist zu bedenken bei der Erziehung der Sinne? Die Sinne sind Kontaktpunkte mit der Umgebung und der Verstand vervollkommnet sich im Gebrauch dieser Organe, indem er sich übt, die Umgebung zu beobachten, wie ein Pianist mit der gleichen Tastatur Töne erzeugen kann, die in unendlicher Perfektion variieren. So kann der Verstand durch die Sinne immer genauere und verfeinerte Eindrücke sammeln. So erlangen z. B. die Seidenweberinnen ein solches Fingerspitzengefühl, dass sie bei dem ganz feinen Faden, der durch ihre Finger läuft, fühlen können, ob er einfach oder doppelt ist ... Das Kind, das unser Material genutzt hat, ändert seine Handbewegungen und erlangt Geschicklichkeit sowie Feinfühligkeit im Wahrnehmen der Sinnesreize in der Umgebung. Die gleiche Umgebung reichert sich in dem Maße an, wie das Kind fähig wird, feinere Unterschiede zwischen den Dingen wahrzunehmen; denn Dinge, die sich nicht voneinander unterscheiden, sind, als ob sie nicht da wären. ...

Da die Sinne die Erforscher der Umgebung sind, öffnen sie den Weg zum Wissen. Das Material zur Erziehung der Sinne wird wie eine Art Schlüssel angeboten, der die Tür zur Erforschung der äußeren Dinge öffnet; wie ein Licht, das mehr Dinge und mehr Einzelheiten erkennen lässt, die im Dunkeln nicht gesehen werden könnten. ... In der gewöhnlichen Erziehung besteht das Vorurteil, dass man den Kindern einen Gegenstand geben müsse, damit es die verschiedenen Eigenschaften, wie Farbe, Oberfläche, Form usw. kennen lernen kann. Aber Gegenstände gibt es unendlich viele, die Eigenschaften hingegen sind begrenzt. Die Eigenschaften könnten mit dem Alphabet verglichen werden: Wenige Laute im Vergleich zu den unzähligen Worten. ... Die Ordnung und die Präzision sind die Richtlinien bei der spontanen Arbeit. Kehren wir zum Sinnesmaterial zurück, das geeignet ist, besonders bei kleinen Kindern zwischen drei und vier Jahren Konzentration zu erzeugen. Es besteht kein Zweifel, dass dieses Material nicht nur als Schlüssel zur Erforschung der Umgebung, sondern auch als Mittel zur Entwicklung des mathematischen Geistes betrachtet werden muss. Die Ergebnisse bei unseren kleinen Kindern stehen im Gegensatz zu der Tatsache, dass die Mathematik im Allgemeinen in der Schule eine Klippe darstellt statt eine Attraktion und dass die meisten Menschen eine geistige Abneigung der Mathematik gegenüber empfinden. Zusammenfassend können wir sagen: Alles wird leicht, wenn das Wissen im absorbierenden Geist verwurzelt ist. Die mathematischen Gegenstände sind nicht in der Umgebung verteilt wie die Bäume, die Blumen und die Tiere. Somit fehlt die Gelegenheit im Kindesalter spontan dem mathematischen Geist zu entwickeln. Das verursacht ein Hindernis in der darauf folgenden geistigen Entwicklung. Wir nennen daher das Material zur Erziehung der Sinne materialisierte Abstraktionen oder grundlegendes mathematisches Material."

(Aus: Maria Montessori, „Das kreative Kind", S. 162 ff).

2.14 Musik

„a) Zur Musik selbst

Zu allererst muss den Kindern Musik vorgespielt werden (erziehlicher Einfluss der Umgebung), so dass das Kind, wie sich der Lernvorgang im Einzelnen auch abspielen mag, korrekt musikalische Tonfolgen im Gedächtnis hat.

Wenn das Kind hinreichend einfache Musikinstrumente zur Hand hat, die keine besondere Spieltechnik erfordern, wird es sich an ihnen versuchen und diese Tonfolgen wiedergeben. Wir können ihm beispielsweise die in unserer Methode verwendeten Glocken geben, aber auch einfache Saiteninstrumente oder Pfeifen. Darauf kann es die Tonfolgen oder Akkorde, die es gehört hat, zu spielen versuchen und sich dabei selbst betätigen.

Wenn ihm die Musik, die es um sich herum hört, gefällt und wenn es einen Wunsch befriedigen kann, sich auf richtigen Instrumenten, die die Reproduktion musikalischer Tonfolgen erlauben, zu versuchen, wird sich die Begeisterung für Musik rasch einstellen.

b) Das Lesen und Schreiben von Noten

Das ist eine ganz andere Übung, die ein neues und unabhängiges Interesse wecken kann, umso mehr, wenn schon ein lebendiges Interesse an der Musik besteht und wenn sich diese Übungen mit den musikalischen Betätigungen nicht direkt überschneiden.

Die Materialien, die wir dem Kind anbieten, damit es die Stellung der Noten auf den Zeilen lernen kann, sind ja bekannt.

Zuerst bringen wir eine Scheibe mit dem Namen der Note am Fuß der Glocken an, die schon für die einfachen Sinnesübungen gedient haben. So assoziieren wir den Namen der Note mit dem dem Ohre schon vertrauten Ton.

Danach werden die Scheiben in die dafür vorgesehenen runden Aussparungen in dem hölzernen Zeilensystem eingesetzt. Dieses Zeilensystem ist in die Tafel eingekerbt, und in jeder Aussparung steht der Name der entsprechenden Note. Durch bloßes Einsetzen und Herausnehmen kann das Kind die Stellung der Noten auswendig lernen, ohne dass ihm der Lehrer dabei hilft.

Ein anderes didaktisches Material sind im Holz geschnitzte oder auf Karton gezeichnete Notenlinien, auf denen viele Scheiben angebracht werden können. Das Kind liest ihre Namen und setzt sie an die richtige Stelle; der Name steht dabei auf der Unterseite und bleibt so verdeckt. Wenn diese weißen Scheiben alle angebracht und damit die Notenlinien besetzt sind, werden die Scheiben umgedreht, ohne dass man ihren Platz verändert. So können wir überprüfen, ob die Scheiben richtig angeordnet wurden, indem wir nachsehen, ob der Name der Note mit dem Platz auf dem Zeilensystem übereinstimmt.

Ein weiteres didaktisches Material sind zwei untereinander angebrachte Notenzeilen. Die Noten, die vom C unterhalb der oberen Zeile bis zum oberen C ansteigen und wieder zurück, bilden auf der oberen Notenzeile einen Winkel, der dann auf der unteren Notenzeile spiegelbildlich eingezeichnet wird; zusammen bilden sie eine Raute.

Werden die Zeilen voneinander getrennt, sind die auf der unteren Notenzeile eingetragenen Noten nach dem Bassschlüssel geordnet.

Wieder eine andere Tafel dient dem Erlernen der relativen Zeitdauer der Noten und der entsprechenden Pausen.

Da alle diese Lern- und Gedächtnisübungen ohne Lehrer ausgeführt werden können, kann sie das Kind ohne Zweifel benutzen, wann immer es durch ein entsprechendes Interesse motiviert wird.

Wird es nun alle Übungen oder nur einen Teil von ihnen ausführen, bevor es sich der Musik zuwendet? Das ist allein Sache des Kindes; hier muss es sich selbst entscheiden.

Notenlesen

Später bekommt das Kind Karten, auf denen nur Noten, ohne Zeitwert- und Notenschlüsselbezeichnung, eine bloße Reihe von Noten auf einer Zeile angegeben sind; unter diesen Karten kann das Kind frei wählen. Das Kind kann nun zu seiner ersten Übung im Lesen einfacher Töne mit Hilfe der Glocken oder von Streichinstrumenten übergehen. Und oft wird es dann auch erstmalig versuchen, die Noten nachzusingen, soweit sie im Bereich seiner kindlichen Stimme liegen.

Die ersten Leseübungen können mit den Schreibübungen zusammenfallen. Das Kind hat Notenpapier mit größeren Zeilenabständen als gewöhnlich zur Verfügung; darauf kann es die Noten eintragen, die es beim Instrumentalspiel gefunden hat.

So treffen sich zwei Übungen, Musizieren und Notenschreiben, ohne sich doch zu überschneiden, weil das Kind sie unabhängig voneinander kennengelernt hat und auch unabhängig voneinander ausführen konnte.

c) Rhythmus

Betrachten wir nun ein anderes Element. Zum Rhythmus gehört das Moment der Zeit, d. h. die Länge der Notenwerte und der Takt. Auch hier muss man mit der Gestaltung der

Umgebung beginnen; sie muss der musikalischen Entwicklung des Kindes förderliche Musik enthalten. Wir haben den Kindern betont rhythmische Musik vorgespielt, nach der sie auf der Linie gehen konnten. Sie taten das völlig unbefangen und hatten keine Angst, ihren Fuß falsch zu setzen. Das gilt übrigens allgemein: die Kinder dürfen keine Angst bei diesen Übungen haben. Wenn das Kind sich fast ‚vollkommen' bewegen kann, gibt es sich ganz dem Rhythmus hin und lässt sich völlig von der Musik leiten[4].

Der Lehrer muss sorgfältig darauf achten, dass er dieselben Phrasen unaufhörlich wiederholt, so dass der Rhythmus den Kindern ‚ins Blut geht' und gleichsam zu ihrem eigenen Wesen wird und das Kind ihn schließlich spontan erfasst. Wenn das Kind sich nun nach dem Rhythmus der Musik bewegt, erkennt der Beobachter, dass sich in dem „kleinen Geher" ein weiteres Element herausbildet: es hat den Sinn für Rhythmus empfangen, und dieser drückt sich in den Bewegungen des ganzen Körpers aus.

Das ist von grundlegender Bedeutung. Wenn die Kinder dieses Stadium erreicht haben, erhalten sie Tamburins oder etwas Ähnliches; damit können sie den Takt schlagen, wie es ihnen gefällt. Beim Gehen schlagen sie auf den Instrumenten den Takt und fixieren durch diese äußere Tätigkeit etwas, das sich ihnen von innen heraus enthüllt hat.

---

4 Wichtig ist die Auswahl der Musikstücke, mit denen die Rhythmusübungen begonnen werden. Man sollte Musikstücke sammeln und sie mit Kindern ausprobieren, bevor man sie bewusst erziehlich in ihrer Umgebung einsetzt. Nach den ersten Anfängen, die Fräulein Maccheroni in unserer Schule unternahm, wurden zwei Serien solcher Stücke zusammengetragen, die eine von den Professoren Anglès und Gibert in Barcelona, die andere von L. Benjamin in Wien.

Nachdem das Kind für den Rhythmus empfänglich geworden ist, braucht man nicht länger dieselben Passagen immer und immer wieder vorzuspielen. Das gilt noch mehr für das Bereitstellen von Instrumenten zur Rhythmusschulung. Diese besonderen Übungen sind nur während der kurzen Periode sinnvoll, in der sich die besondere Sensitivität herausbildet. Im Gegenteil werden jetzt gerade Stückwechsel und Rhythmusveränderungen interessant. Damit bekommt das Kind Gelegenheit, sich darin zu üben, die verschiedenen Zeitwerte zu erkennen und entsprechend seine Bewegungen dem jeweiligen Rhythmus anzupassen.

Schließlich wird das Schreiben der Noten eine Hilfe. In unserem Material befindet sich eine Serie von Karten, die nur den Zeitwert anzeigen und nicht den Schlüssel und deren Noten auch nicht auf Zeilen geschrieben sind. Die Noten stellen also keine bestimmten Töne dar, sondern sie markieren bloß den 4/4-Takt.

Dazu genügen vier Noten, wenn wir nicht eine umfassendere Vorstellung von dem geben wollen, was nun folgt.

Letztlich reicht schon der Bruch 4/4 aus, um dasselbe auszudrücken, wenn man weiß, dass das einzelne Notenzeichen ein Viertel der längsten Note bedeutet.

Wir haben des weiteren Tafeln mit verschiedenen Rhythmen, denen verschiedene Bewegungsarten entsprechen, wie Marschieren, Laufen, Trotten, Springen.

Im Verlauf der mit Professor Gibert in Barcelona durchgeführten Experimente geschah es, dass Kinder nicht nur den Rhythmus spontan und genau nachahmten, sondern aus der Reihe scherten, zur Tafel gingen und Notenreihen mit ihren Tonwerten niederschrieben. In diesem Entwicklungsstadium bildet das Notenschreiben nach der Tonhöhe, das Erkennen und Niederschreiben der Pausen und der Verhältnisse von Notenwerten und Pausen eine der vielen individuellen Übungen, die das Kind allein ausführen kann.

Wir haben es hier mit zwei verschiedenen Arten des Notenlesens und -schreibens zu tun: die eine bezieht sich auf die Melodie und auf die Harmonie (Akkorde), die andere betrifft das Zeitmoment. Beide sind voneinander getrennt. Einmal handelt es sich um eine auf ein Zeilensystem geschriebene Notenfolge, das andere Mal um eine Reihe von Noten, die nur den Zeitwert symbolisieren, wobei Schlüssel und Zeilensystem fehlen, so dass sie letztlich auch in einem rechnerischen Bruch wiedergegeben werden könnten.

Diese zwei Arten, ein und dasselbe Musikstück darzustellen, sollten einander sichtbar gegenübergestellt werden. Sie sind als Analyse des musikalischen Lernprozesses anzusehen. Mittels der ersten Schreibweise kann die Fähigkeit, Töne auf einem Instrument wiederzugeben oder nachzusingen, entfaltet, in Verbindung mit der anderen kann ein vollständiges System von Rhythmen und Tänzen entwickelt werden.

In Wirklichkeit sind jedoch Melodie und Rhythmus Phasen ein und derselben Sache. Wenn das Kind später auf seinen Instrumenten nach dem Gehör eine Melodie bildet, kann es diese vollständig niederschreiben, d. h. sowohl die Tonhöhen als auch die Zeitwerte der Noten. Auch die Fähigkeit, Musik zu lesen, ist dann vollständig entfaltet. Die anfängliche Schwierigkeit wurde durch Trennung der Elemente und durch Übungen, die verschieden schwer waren und auf einzelne Elemente zielten, wie Musik als Melodie, Schreiben und Rhythmus, überwunden.

Da die einzelnen Elemente in Wirklichkeit aber eine Einheit bilden, gelangen wir schließlich durch die Rekonstruktion der konstituierenden Elemente wieder zur Ganzheit. So wird das Interesse wachgerufen, als dessen Folge sich der Fortschritt einstellt."

(Aus: „Maria Montessori – Texte und Diskussion", S. 72 ff.)

Auch bei der Musikerziehung kommt der vorbereiteten Umgebung Bedeutung zu. Natürlich sollen bei den für die Kinder bereitgestellten Materialien auch z. B. die Glocken und andere einfache Instrumente dabei sein. Gleichzeitig aber muss dem Kind auch Musik vorgespielt werden. Das Kind hört die Musik, reagiert mit konzentriertem Zuhören und bedient sich einiger Instrumente, um selbst Tonfolgen zu gestalten, zu lauschen, zu experimentieren. Es gewinnt Zugang zur Musik.

Ebenso wie beim Schreiben, wird das Kind auch zum Schreiben und Lesen von Noten hingeführt. Das Lesen einfacher Notenreihen ermöglicht es ihm dann, selbst Musik zu machen, das Schreiben von Noten, die eigene Musik aufzuschreiben und damit Wiederholungen (auch durch andere) möglich zu machen. Ganz selbstverständlich gelangt das Kind auch zum Rhythmus und kann rhythmisches Empfinden entwickeln. Es internalisiert Rhythmen und drückt sie wieder in Bewegung aus, z. B. durch gehen oder beim Einsatz körpereigener Instrumente (Händeklatschen usw.), dann aber auch beim Spielen mit Musikinstrumenten. Kinder lernen auch den Takt zu fixieren. Diese einzelnen Aktivitäten führen dann zu einem ganzheitlichen Umgang mit Musik, Musikverständnis usw. Das Kind beschäftigt sich mit dem Hören, dem Lesen und dem Schreiben von Musik sowie der Umsetzung in Bewegung und Rhythmus.

2.15 Der Aufbau der Person durch die Organisation der Bewegungen

„Die Organisation der Bewegungen betrachte ich innerhalb der Erziehung nicht als ein Vorbereitungsstadium oder als eine Stufe der Integration, sondern als grundlegendes Moment. Es mag vielleicht seltsam erscheinen, dass ich etwas als fundamental ansehe, was andere nur als partielle Aufgabe betrachten. Man darf jedoch nicht glauben, dass ich damit etwa fordern würde, man solle sich nicht mit dem Geist beschäftigen. Ich meine nur, dass die Frage der Bewegung die fundamentale Frage ist, der Schlüssel zur gesamten Formung der Persönlichkeit, die sich durch praktisches Tun aufbaut. Und ist der Mensch vielleicht nicht jenes Wesen, das durch seine Tätigkeit die Umwelt verändert? Auch zum Aufbau der Intelligenz ist die motorische Aktivität notwendig.

Man ist sich allgemein darüber einig, dass die Intelligenz eines Taubstummen oder eines Blinden, d. h. eines Menschen, der ohne die Hilfe einiger Sinne aufgewachsen ist, hinter der Intelligenz eines Menschen zurückbleibt, der sich mit allen Sinnen normal entwickeln konnte; auch stimmt man darin überein, dass wir von Taubstummen oder Blinden keinen besonders großen Beitrag zum kulturellen Fortschritt erwarten können. Aber hinsichtlich der Motilität ist man durchaus nicht einer Meinung. Es wird keineswegs allgemein anerkannt, dass ein Mensch, der bei seiner Entwicklung die körperliche Bewegung, durch die sich ja der Gedanke in der Handlung realisiert, vernachlässigt, auf einer niederen Stufe der Leistungsfähigkeit bleiben muss.

Wenn der Mensch sich ohne ausreichende praktische Betätigung entwickelt, lebt er unter schlechteren Bedingungen als ein Blinder oder Tauber. Man könnte vielleicht dem Fehlen eines Sinnes durch die umso stärkere Ausbildung eines anderen abhelfen. Allein wie wäre das bei der Motilität möglich, die man sicher damit auf eine gleiche Ebene stellen kann? Wenn wir daran denken, dass die Möglichkeit zur Bewegung in Schule und Familie kaum mehr gegeben ist und dass man sie nicht als wesentlichen Faktor der geistigen Entwicklung ansieht, sollten wir uns darüber im klaren sein, dass wir damit etwas Schlimmeres anrichten, als wenn wir künstlich taube oder stumme Menschen schaffen würden.

Aber allgemein fragt man: Warum soll ein Mensch, der sich bewegt, besser aufnehmen können als ein Sitzender? Was für eine Beziehung soll denn zwischen körperlicher Bewegung und Denken bestehen? Ganz sicher lassen sich die Grundprobleme, die sich auf den Aufbau jenes komplizierten Geheimnisses, nämlich des menschlichen Lebens, beziehen, nicht mit diesen oberflächlichen Fragen und Antworten lösen. Man muss eine Wahrheit durchdringen und sich von ihr durch Beweise überzeugen lassen.

Gewöhnlich wird in der Erziehung die Bewegung als eine Art Ausruhen nach geistiger Anstrengung aufgefasst. Erst neuerdings hat man in den Schulen obligatorisch das Turnen eingeführt, und zwar auf Grund der irrigen Auffassung, dass die körperliche Ermüdung, die man streng von der geistigen Ermüdung trennt, als Erholung von dieser dienen soll. Warum aber sollte man sich von einer Ermüdung durch eine andere erholen können? Ermüdung entsteht, wenn man geistige und motorische Aktivität, die eine Einheit bilden, getrennt voneinander wirken lässt. Wenn das Individuum nicht dazu gelangt, eine totale Einheit zu werden, so dass sein Geist zusammen mit der Bewegung arbeitet und beide sich gegenseitig unterstützen, wird jede Anstrengung als ermüdend empfunden.

Ich sagte, dass erst in letzter Zeit die Bewegung in der Schule eingeführt wurde, und zwar in der Form von Gymnastik. Gleichzeitig ist die Bewegung noch in anderen Formen im sozialen Bereich in Erscheinung getreten, die zu einigen großartigen Ergebnissen geführt haben, wie z. B. einige Sportarten. Welcher Unterschied besteht denn zwischen der Gymnastik und dem Sport? Er besteht darin, dass der Sport die Anspannung der ganzen Persönlichkeit auf ein genaues Ziel hin erfordert; folglich muss die Bewegung exakt sein; und die Exaktheit ihrerseits schafft das Gleichgewicht der beiden Aktivitäten und schärft die Aufmerksamkeit und die Intelligenz. Und die Vorteile des Sports liegen – nach dem Urteil jener, die ihn ausüben – nicht nur in der Entwicklung eines bestimmten Organs, sondern vor allem in der Leistungssteigerung des ganzen Organismus und in der vollkommenen Synthese von Geist und Bewegung ...

Nun möchte ich noch über die Rhythmische Gymnastik von Dalcroze sprechen. Es handelt sich um eine Gymnastik, die nach einer einprägsamen Musik ausgeführt wird und auf diese Weise die Bewegungen unter Kontrolle hält; diese Übungen erfordern ein analytisches Erfassen des Rhythmus und eine diesem Rhythmus entsprechende Bewegung und machen so eine starke Polarisation der Aufmerksamkeit notwendig. Es genügt nicht, sich einfach von den Klangwellen mitreißen zu lassen, sondern es muss eine komplexe innere Aktivität lebendig werden. Die Muskeln müssen sich gehorsam nach jener universalen Stimme der Musik bewegen, und das Kind nimmt dann die Musik nicht mehr nur kontemplativ auf, sondern es unterwirft als intelligente Individualität seine Muskeln einem strengen Gehorsam gegenüber den musikalischen Sinneseindrücken, die es analysiert. Es konzentriert sich also und koordiniert Psyche und motorische Aktivität. Und was ist die Folge davon? Vielleicht, dass man sich dann gut bewegen kann? Nein. Jene, die mit Strenge und Genauigkeit diese klassische rhythmische Gymnastik ausführen, empfinden in sich eine sittliche Umwandlung, eine größere Klarheit des Intellekts und ein neues Leben. Diese Menschen sind schließlich zu der grundlegenden Einheit von Geist und Bewegung gelangt. Diese Einheit ist wirklich fundamental, denn die Bewegung darf weder Sklave des vegetativen Lebens noch unserer vagen Instinkte werden; denn diese stellen keine Synthese unserer Handlungen dar. Die Bewegung muss vielmehr vom Willen des Menschen beherrscht sein, der seine Handlungen frei wählt und lenkt. Die Bewegungen müssen vom höheren Teil der menschlichen Psyche unterworfen werden, denn der Mensch muss sich seiner Motilität unter der klaren Führung seines Bewusstseins bedienen: und wenn er die Bewegung nicht von Anfang an mit seiner psychischen Entwicklung vereinigt hat, und zwar von der Zeit an, in der er als Kind auf die Einheit der eigenen Persönlichkeit zustrebte, bleibt diese verwirrt und gleichsam zerstückelt. Und wenn er dann, wenn auch verspätet, das Geheimnis zur Erlangung jener Einheit findet, fühlt er plötzlich ein neues Leben, eine größere Klarheit seiner Gedanken, weil er seine höheren Funktionen normalisiert hat.

Ich möchte an eine Tatsache erinnern, die es verdient, unseren kurzen Ausführungen beigefügt zu werden. In Amerika hat sich der berühmte Wissenschaftler Alexander Graham Bell mit unserer Methode beschäftigt und ist Präsident der Montessorigesellschaft in den Vereinigten Staaten geworden.

Er begeisterte sich für diese Methode, weil er, da er selbst in seinem Haus eine nach unserer Methode geführte Schule hatte, bewies, dass fünf- oder sechsjährige Kinder wissenschaftlichen Stoff aufnehmen können, und weil er sah, dass die Kinder wunderbare Fortschritte machten.

Man wollte nun den Grund dafür wissen, da man sah, dass das, was die Kinder lernten, im allgemeinen nur für viel ältere Kinder verständlich war; denn, um Wissenschaft zu betreiben, braucht man nicht nur Intelligenz, sondern auch Charakter, Geduld, die Möglichkeit, eine im allgemeinen besonders für manche Kinder nicht angenehme Sache zu Ende zu bringen. Und abgesehen vom mangelnden Interesse kommt bei den Kindern noch die ‚Anarchie der Muskeln' hinzu: jeder Muskel tut, was ihm gefällt, und keiner will dem Geist gehorchen.

Der Erwachsene hat dem Kind die Möglichkeit zur praktischen Erfahrung gerade in dem Alter versperrt, in dem die Muskeln vom Willen beherrscht werden sollten: und deshalb sind die Muskeln ‚führerlos' geblieben, und wenn sich das Individuum dann ihrer bedienen möchte, findet er sie nicht.

Jedoch hatten jene Kinder eine Intelligenz, die deutlich verschieden war von derjenigen anderer Kinder: sie zeigten Interesse, ihre Bewegungen gehorchten, sie hatten genug Geduld, um zu beobachten, und so wurden sie begeisterte kleine Wissenschaftler. Angesichts dieser Tatsache blieb der berühmte Wissenschaftler ganz entzückt und sagte: ‚Da die Kinder viel lernen, sich bilden und wahrhafte Wunder vollbringen können, müssen sie von der Montessorischule kommen.'

Das war seine Ansicht. Aber es liegt einfach die Tatsache zugrunde, dass sich diese Kinder in einer Arbeit geübt hatten, die der Synthese der Persönlichkeit dient.

Wenn wir nun also von ‚Aktivität' sprechen, meinen wir es in einem ganz anderen und in einem unendlich gewichtigeren Sinn, als man es gewöhnlich versteht."

(Aus: Maria Montessori, „Texte und Diskussionen", S. 77 ff.)

Noch lange vor den Erkenntnissen der modernen Hirnforschung verweist Maria Montessori ganz deutlich auf die Zusammenhänge zwischen Bewegung und geistiger Entwicklung des Kindes. Wie spielt sich das Leben unserer Kinder ab? Sie werden mit dem Auto zum Kindergarten oder zur Schule gebracht, weil das (vor allem für die Erwachsenen) bequemer ist. Überlegen wir nur, was dem Kind dadurch verlorengeht – und zwar nicht nur an körperlicher Bewegung, an Muskeltraining usw. Was dem Kind an Erlebnissen verschlossen bleibt, an Beobachtungen und Erfahrungen! Dürfen wir dies einfach so vergessen? Sie können als Eltern jetzt antworten, dass sich Kinder genug bewegen, z. B. beim Sport, bei den Aktivitäten in Vereinen. Ob dies ausreicht? Bewegung bedeutet gleichermaßen auch Bewegung für den Geist und ist förderlich für das Lernen, für das geistige Aufnehmen von Inhalten.

Man hat in unseren Schulen – besonders in den unteren Klassen – kleine Bewegungspausen eingeführt, Übungen, die sich im Klassenzimmer durchführen lassen. Dies ist ein Versuch, aber noch immer zu wenig. Bewegung bedeutet in Fluss kommen. Die Durchblutung wird gefördert, Körper und Geist werden gleichsam in innere und äußere Bewegung gebracht, die Aufnahmefähigkeit für Neues wächst. Wir kennen alle den Zustand, dass uns ein Körperteil ‚eingeschlafen' ist. Wir können ihn kaum bewegen, er ist gleichsam taub oder gefühllos. Dies steht ganz im Gegensatz zur Bewegung.

Bewegung wirkt auch gegen Ermüdung, bringt uns wieder in Schwung. Beim Lernen in Freiheit, aus Eigenaktivität heraus, ist Bewegung unverzichtbar und eine grundlegende Voraussetzung. Viele unserer Kinder sitzen im Kindergarten, in der Schule und dann daheim vor dem Fernseher oder Videogerät. Sie fallen in eine Art Phlegma, werden ‚unbeweglich' und ‚faul'. Sie langweilen sich, ihr Interesse und ihre Kreativität nehmen ab. Dazu dürfen wir es nicht kommen lassen. Es bieten sich deshalb für unsere Kinder viele Möglichkeiten an: Beginnen wir bei einer kurzen Bewegungsdynamik, dem Schulweg, Sport, Gymnastik- und Turnunterricht, Musik- und Bewegungserziehung, Rhythmik, Bewegungsspiele im Pausenhof, Bewegungsübungen, die den Unterricht auflockern, Schwimmen usw.. Zusammengenommen führt dies alles zu einer Leistungssteigerung des ganzen Organismus.

In der Kindergartenarbeit gehören – so ist es auch in den aktuellen modernen Bildungs- und Erziehungsplänen verankert – Bewegung, Musik und Rhythmik in den Alltag. Im schulischen Bereich wird darauf aufgebaut und die Erfahrungen mit Rhythmus und Bewegung im Vorschulalter finden Eingang in die Fächer Musik- und Bewegungserziehung.

Ein Zitat von Karl Orff könnte auch von Maria Montessori stammen: „Gleich wie der Humus in der Natur das Wachstum überhaupt erst ermöglicht, so entbindet elementare Musik im Kinde Kräfte, die sonst nicht zur Entfaltung kommen". Und im bayerischen Bildungs- und Erziehungsplan ist nachzulesen: „Der aktive Umgang mit Musik fordert und fördert die gesamte Persönlichkeit des Kindes". Was heute als aktuell und modern präsentiert wird, war bereits bei Montessori eine Selbstverständlichkeit. Durch Musik- und Bewegungserziehung kann das Kind zu seiner eigenen Bewegung, zu seinem eigenen Rhythmus finden. Rhythmik dient auch der Koordination der Psyche und der motorischen Aktivität. Leider wird das Eigentliche der Rhythmik – eben weil keine bestimmte sichtbare Leistung damit erreicht wird – von vielen verkannt oder noch immer belächelt.

Ich erinnere mich selbst an Fortbildungen, die ich für Grundschullehrer zur Einführung des Faches Musik- und Bewegungserziehung angeboten habe. Der Ansatz der Rhythmik wurde nur schwer verstanden. Rhythmik muss am eigenen Körper erfahren werden, nur dann kann auch das notwendige Verständnis für die Kinder aufgebracht werden. Rhythmik und Bewegungserziehung lässt sich nicht (frontal) unterrichten.

Auch in der Elternarbeit – sei es im Kindergarten oder in der Schule – lässt sich der Sinn und die Wirkung rhythmischer Übungen nicht durch Worte vermitteln, sondern durch die eigene Körpererfahrung. So berichten Eltern nach einer Rhythmikstunde, dass sie sich „erleichtert und entspannt fühlen". „Ich habe plötzlich Dinge wahrgenommen, ich kann es gar nicht beschreiben. Es ist, als wäre etwas in Fluss gekommen. Und besonders schön ist, man kann gar nichts falsch machen. So kann man sich mit der Gruppe als Einheit erfahren. Ich habe auch schon nach kürzester Zeit gar nicht mehr auf die anderen geachtet und mich selbst beobachtet. Auf Kinder muss dieses auch wunderbar wirken." Ja, so ist es auch. Dies kann aber nur gelingen, wenn Rhythmik nicht zu einer Stunde mit Pflichtübungen wird.

Wenn Maria Montessori also von Aktivität spricht, dann meint sie immer auch die körperliche Aktivität, die Bewegung. So überrascht es nicht, dass sich in einer Montessori-Schule die Kinder auch während des Unterrichts viel mehr bewegen (dürfen) als wir es von unseren Regelschulen gewohnt sind.

„Sie wissen schon, was wir unter intuitivem Lesen verstehen. Das Kind hat dabei bestimmte Gegenstände vor sich und liest die dazugehörigen Wörter, sogar, wenn sie schwierig sind (wie sie in den nichtphonetischen Sprachen vorkommen). Das Kind wird auch in großen Buchstaben geschriebene Wörter lesen. Das ist nicht irgendeiner magischen Kraft des Kindes zu verdanken, sondern vielmehr unserem Verfahren, das bewegliche Alphabet zu benutzen. Dies hat die Grundprobleme des Schreibens gesprochener Worte gelöst. Ich wiederhole, dass es sich nicht um eine mirakulöse Kraft handelt, sondern dem Interesse zu verdanken ist, das im Kinde entstand. Es ist das persönliche Interesse dessen, der begriffen hat, dass es da irgend etwas gibt, einen Gedanken, der mit diesen Zeichen verbunden ist, und er möchte dahinterkommen; dieses Interesse ist der fundamentale Antrieb. Er kommt an Wichtigkeit dem Material gleich. Wenn Sie das Alphabet und das Interesse zusammen wiegen wollten, würde sich vollkommenes Gleichgewicht ergeben.

Der Lehrer muss fähig sein, dieses Interesse dem Kinde einzugeben, und dann wissen, wie er es kultiviert. Dies bildet den psychologischen Teil unseres Studiums. Wenn das Kind nicht die Intelligenz und diese vitale Kraft des Interesses besäße, wären wir gewiss nicht in der Lage, irgendetwas mit ihm zu erreichen. Aber ich wiederhole, dass es dieses natürliche Interesse in ihm *gibt* und Sie deshalb in Ihren Händen die beiden Kräfte haben, Interesse und didaktisches Material. Da dieses Interesse eine individuelle Regung ist, wird es bei den verschiedenen Kindern variieren; es wird auch nicht bei allen Kindern im gleichen Reifestadium vorhanden sein. Nun mag das als eine der Schwierigkeiten für den Lehrer erscheinen, der fragen wird: Wie kann ich wissen, was nun das Interesse dieses Kindes ist und welches Material für dieses Stadium der Entwicklung geeignet ist, *oder* wann würde es der richtige Augenblick sein, es mit etwas Neuem beginnen zu lassen? Sie können gut begreifen, dass falls (wie viele Leute denken) diese Frage der Lehrerin und ihrem Verstand überlassen bliebe, sie sich in einem ausweglosen Labyrinth befände. Denn wie könnte sie zur gleichen Zeit mit so vielen Individuen fertig werden?

Manche der modernen Methoden folgern daraus, dass die Lehrerin nicht mehr als sechs oder sieben Schüler gleichzeitig haben dürfe, wenn sie ihre Aufmerksamkeit jedem von ihnen individuell widmen können soll. Dieses System ist in dem Bereich der Erziehungsmethode als die ‚individuelle Methode' bekannt, die empfiehlt, dass jede Klasse nur wenige Schüler umfassen soll. Viele Leute werfen unsere Methode damit durcheinander. In der Tat entstand diese ‚individuelle Methode' nach der unseren, als ob sie eine Verbesserung unserer Methode und etwas Wissenschaftlicheres sei. Wir sind hingegen nicht dieser Meinung, sowie es nicht unser fundamentales Prinzip ist, individuelle Erziehung als solche zu geben. Individuelle Erziehung ist in unserer Umgebung eingeschlossen, aber der Lehrer gibt nicht das Ergebnis unserer Deduktionen weiter; unsere individuelle Erziehung basiert auf der freien Wahl des Kindes. …

Das fundamentale Faktum bei der Vorbereitung der Umgebung besteht darin, nur einen Satz jedes Materialtyps einzusetzen. In vielen Schulen dachten die Lehrer, die von unseren Kursen kamen, es würde besser sein und mehr Spielraum geben, wenn man zwei ganze Materialsätze in den Schulen hätte und manchmal drei oder vier Sätze bestimmter Teile des Materials. Doch es erwies sich, dass die Disziplin der Schule dadurch nachließ; und wenn man die Zahl der Materialsätze verminderte, kehrte die Disziplin zurück ...

Eine der Tatsachen, die unsere Schulen von den anderen unterscheiden, ist die folgende. Die meisten Schulen, ich möchte sagen, alle, halten Kinder desselben Alters in den verschiedenen Klassen. In der Tat, ihr Curriculum basiert auf den Altersstufen. Unsere Erfahrung hat uns von dieser allgemeinen Regel weggeführt. Was wir in unseren Schulen suchen, ist nämlich gerade der Altersunterschied. Und wenn wir diesen Unterschied begrenzen sollen, dann sagen wir, dass mindestens ein Altersunterschied von drei Jahren gegeben sein muss. Nehmen Sie an, Sie hätten 90 Kinder zu Ihrer Verfügung, alle hübsch klassifiziert, dreißig von vier Jahren, dreißig von fünf Jahren und dreißig von sechs Jahren. Jeder würde die Vierjährigen, die Fünfjährigen und die Sechsjährigen in drei verschiedene Klassen setzen. Aber wir predigen laut, dass wir *die Lebensalter mischen* sollten, und wenn der Raum 30 Kinder fassen kann, sollten wir nicht alle die gleichen Alters zusammensetzen, sondern die Kinder von drei bis sechs Jahren mischen. Diese Tatsache bedeutet solch einen Unterschied, dass beim Zusammensetzen aller Kinder des gleichen Alters sich kein Erfolg einstellen würde, und es würde unmöglich sein, unsere Methode anzuwenden. Uns fällt nicht ein, die Kinder gleichen Alters alle zusammenzusetzen. Der Sinn davon ist in der Natur zu sehen; in einer Familie von drei Kindern, die zu verschiedener Zeit geboren sind, ergibt sich natürlicherweise der Altersunterschied.

Wo immer unsere Methode angewendet worden ist, gab es stets eine Verbindung zwischen der vorschulischen und der

Grundschulerziehung. Eines der Geheimnisse ist das der ‚offenen Türen'. In unseren Schulen gibt es nicht solch ein Ding wie eine geschlossene Tür, die wie ein Polizeimann den Weg versperrt. Die offene Tür zu den anderen Räumen erlaubt eine Freiheit des Verkehrs zwischen den verschiedenen Stufen, und diese Zirkulation ist von äußerster Wichtigkeit für die Entwicklung der Bildung.

Einer der großen Vorteile unserer Methode und einer der besten Wege für die individuelle Entwicklung ist dieses Zusammenleben von drei Altersstufen. In einer üblichen Schule würde dies eine fürchterliche Unordnung verursachen, und der Lehrgang könnte unmöglich vorangehen. Wie könnte es da irgendeine Ordnung geben? Offensichtlich ist es in unseren Schulen nicht die Lehrerin, die die Ordnung erhält, sondern es ist eine psychologische Organisation der Kinder, die sie zu diesen Ergebnissen führt. Sie verstehen, wie unmöglich es in der gewöhnlichen Methode sein würde, die Türen offen zu lassen, während vier oder fünf Lehrerinnen mit höchstem Stimmaufwand zu den Kindern schreien würden, wie sehr dies störte und den Kindern unmöglich machte zu verstehen, was die einzelne Lehrerin zu sagen versuchte. Man versteht, dass es wichtig ist, die Tür in der gewöhnlichen Schulerziehung geschlossen zu halten, denn wenn man den Kindern Freiheit gäbe, würden die gelangweilten verschwinden, sie würden entweder auf die Straße laufen oder in den Garten gehen, und die Lehrerin mag sich allein wiederfinden. Wenn Sie auf die Schule blicken, die nach dem alten System mit den geschlossenen Türen organisiert ist und sie mit der auf den ‚offenen Türen' gegründeten Organisation unserer Schulen vergleichen, dann scheint der Unterschied fast unbegreiflich. Sie verlangte eine völlig andere Haltung und Organisation. Sie mögen fragen: Auf welche Weise haben die Kinder einer Gruppe freie Kommunikation mit einer anderen Gruppe? Durch die offenen Türen! In einer Schule in Holland bestehen die Wände und Türen aus Glas, und die Kinder einer Klasse können in das Leben der anderen Klassen einsehen. Die Türen sind eine besondere Attraktion. Ich erinnere mich an ein Kind, das die Zahlenstäbe aus einem anderen Raum ausleihen wollte, und da es nicht mehr als einen auf einmal tragen konnte, ging es mehrmals hinaus und herein, wobei es jedesmal die Tür öffnete und sorgfältig, ohne ein Geräusch zu verursachen, hinter sich wieder schloss. Und die anderen Kinder, die bei der Arbeit waren, bemerkten nicht, dass jemand hin und her ging und achteten nicht darauf. ...

Dieser Kontakt mit den anderen Klassen schenkt ihm den Eindruck, dass es dort Dinge von weiterführendem Interesse gibt. Diese letztere Möglichkeit ist von großer Bedeutung für die Qualität der Arbeit und des Erfolgs der Schulen gewesen. In Holland ergab sich ein interessanter Versuch, als wir die jüngeren Kinder beobachteten, wie sie unter die Älteren gingen und wir sie an Dingen Interesse finden sahen, von denen wir vorher gedacht hatten, sie seien ihrem Verständnis noch nicht zugänglich. Damals begriffen wir, dass das kleine Kind viel mehr zu lernen fähig war, als wir uns vorgestellt hatten. Dort gab es noch ein anderes Faktum von äußerstem Interesse. Wir beobachteten, dass die älteren Kinder manchmal auf der Suche nach einer früheren Tätigkeit in die Räume der kleineren Kinder zurückgingen und die alten Übungen wieder aufnahmen. Wir sahen das in Holland in einer Schule, die zwei Stockwerke besaß. Die älteren Kinder auf dem oberen Flur wollten in den unteren Flur herabkommen und mit den Zahlenstäben arbeiten, offensichtlich, weil ihnen in ihren fortgeschrittenen Übungen eine

Klarheit fehlte. Dies ist ganz allgemein so; wenn sie in den fortgeschrittenen Studien mit bestimmten Schwierigkeiten konfrontiert werden, wollen sie zurück zu den früheren Übungen. Aber dies geschieht niemals in den älteren Methoden des Unterrichts, weil ein Zurückgehen als solch eine Schande betrachtet würde! Wir können also sagen, dass die ‚Kasten' in unseren Schulen abgeschafft sind, und es besteht dort nicht nur eine Freiheit des Lernens unter den verschiedenen Niveaus und Graden der Bildung. Es ist nicht wichtig, zu welcher Klasse man gehört, ob es die erste, die zweite oder die dritte Gruppe ist, sondern die Tatsache ist wichtig, dass sie voneinander lernen und dabei wachsen und sich entwickeln. Es ist der Gedanke: ‚Ich gehe hin und studiere, wo ich Dinge finde, die für mich sinnvoll sind und die mich interessieren.'

Die Hauptsache ist, dass die Gruppen verschiedene Altersstufen umfassen, weil das großen Einfluss auf die Bildungsentwicklung des Kindes hat. Dies wird durch die Beziehungen der Kinder untereinander selbst erreicht! Sie können sich kaum vorstellen, wie gut ein kleines Kind von einem älteren Kind lernt; wie geduldig das ältere Kind mit den Schwierigkeiten des jüngeren ist. Es sieht beinahe aus, als ob das jüngere Kind für das ältere einen Arbeitsstoff darstellte. Ich habe oft aufgehört, sie zu beobachten, und gedacht: Ist es für das ältere Kind nicht eine Vergeudung von Zeit? Aber dann wurde mir klar, dass, wenn man etwas lehrt, einem selbst der Gegenstand klarer wird. Durch nichts lernen Sie mehr als durch das Lehren anderer, besonders wenn Sie den Gegenstand nicht sehr gut beherrschen. Denn die Anstrengungen des anderen wirken wie eine Fehlerkontrolle für Sie selbst und regen Sie an, mehr Kenntnis zu erwerben, um dem andern zu vermitteln, was er braucht.

In unseren Schulen war deutlich sichtbar, welches Kind der spezielle Schüler eines älteren Kindes war, das es unterrichtete. Diese Möglichkeit in der Arbeit unserer Schule ist von solcher Bedeutung, dass der Entwicklungsstand der Klassen viel niedriger wäre, wenn es nicht diesen Beitrag gäbe. Damals fuhren wir mit den Versuchen fort und brachten ältere Kinder von 12 und 14 Jahren in die Klassen der jüngeren und baten sie, die Kleinen zu unterrichten. Es war sehr interessant zu sehen, wie viel schneller sie auf diese Weise lernten. Das ließ uns denken, dass es eine Stufung der geistigen Entwicklung gibt und der Abstand zwischen dem Erwachsenen und dem Kind so groß ist, dass der Erwachsene dem kleinen Kind nicht die gleiche Hilfe bieten kann wie derjenige, der diesem Kind im Alter noch näher steht. Darum ist gesagt worden: man muss wie ein Kind sein, um ein Kind zu verstehen. Es ist die große Hilfe für den Lehrer, diese verschiedenen Altersstufen in der Schule zu haben; und Sie müssen verstehen, dass Sie, um Erfolg zu haben, diese verschiedenen Lebensalter da haben müssen. Diese Dinge also müssen Sie bedenken:

1. das *Interesse des Kindes*, das das Kind dazu bringt, sich für ein Studienobjekt zu entscheiden.

2. *die Kooperation der Kinder*, und diese wird immens unterstützt durch das Faktum, dass das Alter der Kinder nicht gleich ist; die älteren Kinder sind an den jüngeren interessiert und die jüngeren an den älteren. So kommen wir zu dem Schluss, dass nicht nur die älteren den jüngeren helfen, sondern auch sie selbst aus diesem Faktum Gewinn ziehen.

3. gibt es *die natürlichen Triebe des Menschen, die ihn veranlassen, sich an einen Platz zu binden, was Ordnung und Disziplin zur Folge hat*. Es ist bemerkenswert, dass die häufigste Äußerung von Besuchern die ist, dass ihr stärkster Ein-

druck der der Stille sei, die die Schule erfüllte. Die leidenschaftlichsten Tätigkeiten dieser Kinder werden in einer Ruhe ausgeführt, die ihnen niemals aufgezwungen worden ist.

Dies soll Ihnen eine Vorstellung von der grundlegenden Organisation einer Schule nach unseren Prinzipien geben."
(Aus: Maria Montessori, „Spannungsfeld Kind – Gesellschaft – Welt", S. 79ff.)

Natürlich taucht immer wieder die Frage auf, wie eine Schule sein muss, damit all die Aktivitäten möglich sind, alle die Montessori-Prinzipien auch verwirklicht werden können. Unter der Überschrift zu diesem Kapitel erwarteten Sie vielleicht Ausführungen zur Architektur, zu besonderen baulichen Erfordernissen für eine Montessori-Schule. Mir ging es ähnlich, als ich vor vielen Jahren erstmals diesen Text las. Maria Montessori beschreibt aber die Architektur nicht im Sinne eines Baukörpers, sondern einer inneren Architektur oder Struktur der Schule. Sie zeigt uns damit, daß wir Montessori-Pädagogik eigentlich überall verwirklichen können und eben nicht an ein bestimmtes Gebäude gebunden sind.

Die innere Architektur oder Struktur bauen wir als Lehrer/Erzieher/Eltern gewissermaßen selbst auf.

Wenn dem so ist, so ist es von fundamentaler Bedeutung, wie wir diese Struktur in der Schule gestalten. Ein wichtiges Faktum unserer Vorbereitung der Umgebung ist die Tatsache, dass jedes Material nur einmal angeboten wird. Dies ist schwer zu begreifen. Sind wir es doch von der Regelschule gewohnt, dass jedes Kind das gleiche Material zur Verfügung hat, das Lesebuch, den Rechenkasten usw. In den Montessori-Schulen wurde die Erfahrung gemacht, dass bei Vorhandensein mehrerer Sätze des gleichen Materials in einer Klasse die Unruhe größer wurde und die Konzentration nachließ. Bei Wegnahme der überzähligen Sätze veränderte sich das Verhalten der Kinder wieder zur Ruhe hin.

„Das Ganze unserer Schule basiert auf den Lebensäußerungen der Kinder, die uns ebenfalls klare Hinweise gaben, wie unsere Schule zu organisieren und aufzubauen sei."

Die Organisation des Schullebens baut sich also auf der Beobachtung der Kinder, auf deren Grundlage dann die Umgebung vorbereitet wird. Es ist eine Dynamik in der Schule, Änderungen und Veränderungen gehören zum Alltag. Maria Montessori spricht von offenen Türen zwischen Kindergarten und Grundschule. Ich durfte dies während meiner Hospitationen an Montessori-Schulen in den Niederlanden immer wieder erleben. Wenn diese offenen Türen Alltag sind, dann kommt es dadurch zu keinerlei Störungen in den Gruppen/Klassen, sondern vielmehr zu einer Bereicherung.

Maria Montessori beschreibt eine Schule, in der Wände aus Glas sind und man also in die Räume hineinschauen kann. Ich habe viele Jahre in einem Kindergarten gearbeitet, in dem Glasfenster zu einer großen Eingangshalle hin (unserem Gemeinschaftsraum) waren. Anfangs ließen sich die Kinder ablenken oder machten andere aufmerksam: „Du, da draußen steht deine Mutti ... u. ä.". Schon nach wenigen Wochen waren diese Fenster Selbstverständlichkeit, gaben vielmehr Orientierung und offenen Einblick. Alle Besucher, die kamen (besonders Erzieherinnen und Lehrer), störten sich an dem Einblick in den Gruppenraum. Ich forderte sie auf, die Kinder zu beobachten und festzustellen, ob diese sich ablenken ließen oder nicht. Dann redeten wir darüber. Die Besucher waren erstaunt, daß ihre Bedenken nicht zutrafen, für die Kinder der Einblick normal war und nicht als störende Beobachtungsmöglichkeit empfunden wurde. Ähnliche Probleme ergaben sich mit dem Zurückgehen auf eine niedere Stufe. Gerade hier liegt wieder ein Phänomen der Montessori-Pädagogik verborgen. Ein Kind kann eine Aufgabe nicht lösen und geht selbständig auf die ‚niederere' Stufe zurück, um sich im Umgang mit dem einfacheren Material zu üben und dann wieder mit neuer Sicherheit an schwierige Aufgaben herangehen zu können. Ein solches Verhalten zeugt von einer großen Selbständigkeit und ist förderlich für die Eigenmotivation. Das wünschen wir uns doch von unseren Kindern!? Warum aber tun wir alles, um solche Selbständigkeit und Selbsttätigkeit regelrecht zu verhindern?

Auch der Versuch, dass ältere Kinder jüngere Kinder unterrichten, fasziniert und mag Denkanstöße geben.

Es ist schwer, Kinder zu verstehen, und es ist schwer, Kinder dort abzuholen, wo sie stehen. Wir sind mehr denn je gefordert und aufgefordert hinabzusteigen auf die Ebene der Kinder. Dann kommen wir einer Verständigung näher.

2.17 Arbeit als anthropologische Notwendigkeit

„Als ich begann, sagte ich, dass ich nochmals über zwei Punkte sprechen wollte. Was ich bisher sagte, betrifft nur den einen von ihnen.

Nun zu dem anderen Punkt: Es ist die Frage der Arbeit. Die Leute haben diese Einstellung, dass sie arbeiten, um die Mittel ihres Lebensunterhaltes zu finden, und das ist natürlich richtig. Man muss leben, und die Mittel des Lebensunterhaltes ergeben sich durch Arbeit – das ist gewiss. Es ist auch richtig, dass wir Füße haben müssen, um zu gehen; aber es ist nicht wahr, dass, weil wir Füße haben müssen, um zu gehen, unser ganzer Körper allein aus Füßen besteht. Dass wir arbeiten müssen, um zu leben, ist wahr, aber das ist nicht alles, und es ist auch nicht das Ziel der Arbeit. Und wenn wir arbeiten mit diesem Ziel, das nicht das wahre Ziel ist, dann schlägt alles zum Schlechten aus. Die Schule behandelt die Kinder auch von dem gleichen Gesichtspunkt her. Die Schule ist da, um den Schülern die Kenntnisse zu geben, die sie einen Lebensunterhalt finden lassen. Und weil sie nur diesen Zweck der Sicherung des Lebensunterhaltes hat, entsteht der schlechte Erziehungsplan; dieser Plan ist bis heute konstant geblieben. Wir müssen nach diesem Gesetz lernen, wir müssen lernen, um die Examina zu bestehen. Und wir müssen die Kinder schieben und drängen, damit sie zu diesem Punkt des Überstehens der Examina gelangen. Und diese Routine dauert nicht nur einen Tag, sondern das ganze Schulleben, und indem wir das tun, lernen wir, was wir eine ‚Handwerkskunst des Gehirns' nennen mögen. Und wir alle, gleich ob wir den Beruf eines Doktors oder den eines Lehrers oder den eines Professors haben, alle nehmen die Sache als einen Job, genauso wie die Fischer, die fischen gehen. Es ist ein Mittel, durch das man seinen Lebensunterhalt erwirbt. Und wenn es Unterschiede unter den Menschen und den verschiedenen Klassen gibt, gibt es eines, das allen gemein ist: man sucht die Art der Arbeit, die einem Geld bringt. Und es ist eben nur dies, dass man arbeiten und die Mittel zum Leben finden soll. Aber das Kind kennt eine andere Art von Arbeit, die ihren Ursprung im Leben selbst hat ...

Und es gibt eine Menge Beispiele von Menschen, die ohne irgendeinen Goldnutzen für ihr Leben arbeiten können, und dann wird die Arbeit etwas Großartiges und lässt uns ein bisschen an das Kind denken, das läuft und läuft, ohne jemals müde zu werden, und das arbeitet und arbeitet, weil dies die Notwendigkeit seines Lebens ist. Und indem es auf diese Weise arbeitet, erreicht es ein inneres Gleichmaß, es denkt nicht über Examina nach und darüber, in welcher Klasse es sich befindet. Es denkt nicht über die Art der Arbeit nach, die es später im Leben tun wird, ob es ein Ingenieur oder ein Lehrer oder irgend etwas anderes werden will; so dass wir in der Lage waren, Kinder verschiedenen Alters und verschiedenen Bildungsgrades zusammenzusetzen; denn was sie interessiert, ist die Arbeit selbst. Sie fühlen nicht jenen künstlichen Stolz und sagen: ‚Ich bin in der ersten Klasse, er ist in der zweiten Klasse, und du bist in der dritten Klasse' usw. Diese Klassenunterscheidung der Bildung existiert nicht; was sie interessiert, ist die Arbeit, und sie arbeiten alle zusammen. In Holland, in dem Zentrum, das wir errichteten, erwogen wir den Lehrplan der üblichen Schulen und hefteten die verschiedenen Bildungsziele, die für die zweite, dritte und vierte Klasse verlangt wurden, ans Schwarze Brett und sagten, dass Kinder, die diese oder jene Anforderung beherrschten, zu dieser oder jener Klasse gehörten. Wir sahen dann die Kinder die Liste mit großem Interesse lesen, so als ob sie Bürger wären, die an die Straßenecken kämen, wo die Bekanntmachungen angeschlagen sind. Eines der Kinder, vielleicht ein siebenjähriges, das in die erste Klasse gehörte, schaute auf diese Liste und sagte mit großer Gleichgültigkeit: ‚Ich werde in der dritten Klasse sein.' Es ist eine Angelegenheit von völliger Bedeutungslosigkeit, aber sie gehen zurück zur Arbeit – und *dies* ist, was Bedeutung hat. Wenn die Arbeit aus einer inneren Quelle kommt, dann ist die Arbeit viel intensiver und fruchtbarer. Es ergibt sich ein größerer Fortschritt, und man fühlt sich veranlasst zu denken, dass vielleicht auch in der Gesellschaft die Arbeit der Menschen besser werden könnte, wenn sie auf den natürlichen Gesetzen basierte. Das bedeutet nicht, dass man vergisst, für die Notwendigkeiten des Lebens zu arbeiten, oder dass man arbeiten müsste, ohne irgendein Geld zu verdienen, sondern dass man eine große Leidenschaft für die Arbeit empfindet und dass man über das hinaus, was notwendig ist, arbeitet. Die Vision, zu der das Ziel der Arbeit leitet, ist so stark, dass man alle seine Energie aus der Arbeit selbst empfängt. Das ist eine Tatsache. Dann verschwinden die Müdigkeit und die Faulheit, und der Mensch vervielfacht seine Energien in einer außerordentlichen Weise. Es gibt sehr wenige Beispiele davon, weil, wenn die Arbeit unter Druck geschieht, wie es heute ist, nur sehr wenig Verständnis dafür in der Gesellschaft bestehen kann. Aber die Arbeit, wie es sie jetzt gibt, ist so wie die Arbeit der Kinder in den üblichen Schulen: die Leute arbeiten, als ob sie Sklaven wären. Sie arbeiten für ein äußeres Ziel; indessen sollte die Arbeit die größte Ausweitung der menschlichen Seele sein …

Zusammenfassend möchte ich sagen, dass alle Arbeit, auch die bescheidenste, getan werden kann, weil man Interesse für sie empfindet und der Arbeit wegen arbeitet. Daher ist es notwendig, dass die Arbeit auf dieses vitale Faktum gegründet wird, dass der Mensch, um zu existieren, der Arbeit bedarf. Und auch in der Arbeit, die *wir* tun, dürfen wir nicht arbeiten mit dem Ziel, Schulleiter zu werden oder Aufsichtsbeamter oder Schulrat oder um mehr Geld für uns selbst und die Familie zu verdienen, sondern weil wir etwas vor uns sehen, weil wir die Bedeutung des Kindes verstanden haben, weil wir arbeiten müssen für die besseren Anliegen der Menschheit."

(Aus: Maria Montessori, „Spannungsfeld Kind – Gesellschaft – Welt", S. 105 ff.)

In diesem Beitrag greift Maria Montessori das Selbstverständnis unserer Schulen an. Unausgesprochen sagt sie, dass unsere Schulen „Lernfabriken“ sind, die Stoff vermitteln. Wenn man sieht, wie der Handel mit Arbeitsblättern blüht, und wie wenig Raum für eigenes aktives Tun den Kindern in der Schule bleibt, so ist es nicht verwunderlich, wenn sie kein eigenes Verständnis von Arbeit entwickeln. Maria Montessori hält Arbeit für unverzichtbar, will sie aber gleichermaßen aus ihrer Isolation holen. Für sie ist „Arbeit etwas ganz Heiliges, das natürlich zur Lebenssicherung dient, aber das ist nicht alles“. Sie sieht deshalb die Arbeit mit ihrem Ursprung im Leben selbst, die Arbeit, die dem Kind hilft, ein inneres Gleichmaß zu finden. Montessori sagt treffend: „Wenn die Arbeit aus einer inneren Quelle kommt, dann ist die Arbeit viel intensiver und fruchtbarer.“

Zur Notwendigkeit der Arbeit kommt eine gewisse Leidenschaft, Freude, Begeisterung für das Tun. Die Kinder werden aktiv, fleißig, entwickeln immer neue Energien. Die Kinder arbeiten nicht nur für ein äußeres Ziel, wie z. B. das Zeugnis, sondern die Arbeit wird zur größten Ausweitung der menschlichen Seele. Es fällt sicher schwer, diese Gedankengänge Montessoris zu begreifen. Sie liegen unserem Alltagsleben und -denken fern und wir sind auch nicht immer die besten Vorbilder für unsere Kinder. Arbeit stellt sich oft dar als etwas Belastendes, Zeitraubendes. Viele Kinder haben in ihrem nächsten sozialen Umfeld vielleicht noch nie einen Erwachsenen erlebt, der Freude an der Arbeit hat: Die Mutter stöhnt über die Hausarbeit, der Vater über die fehlende Anerkennung durch seinen Chef usw. Wenn wir Kinder bei der Arbeit in einer Montessori-Einrichtung beobachten, dann wird es Anfangs für uns unbegreiflich sein, dass sie Freude an der

Arbeit haben, Freude daran, dass sie ihre Arbeit selbst auswählen können, Selbsttätigkeit und Kreativität erlaubt sind. Sollten wir nicht einmal die Arbeitssituation unserer Kinder in Kindergärten und Schulen analysieren? Verhindern wir nicht ihre Arbeit durch Eingriffe und Gängelung? Beeinträchtigen wir nicht ihre Arbeit durch Druck, statt dass wir ihnen ein Lernen ohne Druck ermöglichen?

„Das Werk, die Lage der Erziehung in der Schule zu verbessern, zu begreifen, ist eine soziale Aufgabe.

In der römischen Zeit nannten sich die aus der Sklaverei Befreiten nicht Freie, sondern ‚Freigelassene'. Wer Sklave gewesen ist, kann im Tiefsten seines Wesens nicht frei sein. So geschieht es uns, dass wir uns voller widersprüchlicher Strebungen finden. Dies ist der bewusste Teil, aber es gibt den unterbewussten, der nicht mehr zum Leben erwachen kann.

Die neue Erziehung glaubt, die jungen Leute aus ihrer traurigen Lage in der Schule zu befreien, indem sie die Stoffpläne vermindert; aber offensichtlich wirkt man in diesem Sinne nicht im Interesse des Jugendlichen. Das beweist die Tatsache, dass man herausgefunden hat, dass eine Menge Kinder oder Jugendlicher in unserer Epoche straffällig geworden sind; das kann gewiss teilweise daher kommen, dass es Verwahrloste sind, aber auch weil die Minderjährigen-Kriminalität wächst. Und nun denkt man an nichts anderes, als dem Verbrechertum zu helfen. – Aber statt nach Heilmitteln zu laufen, würde es besser sein, daran zu denken, dass zuerst mit der Adoleszenz das Verbrechertum entsteht und dann, wenn sie Kriminelle geworden sind, für sie ein Jugenddorf errichtet wird. Und dies geschieht nicht in einem einzelnen Land, sondern in der ganzen Welt; man kann sagen, dass es ein universales Faktum ist. Nun versucht man, das zu besiegen, was schon entfaltet ist. Und keinem kommt der Gedanke, dass das Übel statt kuriert verhütet werden kann ...

Heutzutage beschäftigen sich alle mit den verwahrlosten und den kranken Kindern. Aber wie viele, wie viele ärmere Kinder als sie gibt es, ohne dass jemand zu Hilfe eilt. Man hilft heute den Unglücklichen, den Kranken, den Kriminellen: sie sind unsere Brüder. Liebe deinen Bruder. Eins scheint in bestimmten Umständen ganz gestört, aber es geschieht in unserer Epoche: Seien wir uns doch eines Teils der Menschheit bewusst, der nicht unsere Aufmerksamkeit und Sympathie hervorruft. Wir nennen es ein Privileg, ins Studieren, ins Gymnasium einzutreten; ... sie sind begünstigt, und die anderen sind benachteiligt, und alle Eltern haben diesen Ehrgeiz für ihre Söhne. Aber die Situation dieser Jugendlichen ist sehr traurig. Dies ist im allgemeinen noch nicht ins Bewusstsein getreten, denn wenn es zum Vorschein gekommen wäre, hätte man sich damit befasst. Die Gesellschaft beschäftigt sich mit dem Anomalen, aber wenn es sich um Normale handelt, dann tut sie es nicht ...

(Aus: Maria Montessori, „Spannungsfeld Kind – Gesellschaft – Welt", S. 133 ff.)

„Wir leben z. B. heute in den Demokratien, aber wenn es so ist, müssen alle Demokraten sein oder, um es genauer zu sagen, alle müssen auf demokratische Art leben; alle und dann also auch jener Teil der Menschen zwischen 0 und 20 Jahren.

Es ist aber wichtig, sich gegenwärtig zu halten, dass diese Menschen nicht Demokraten sind, und gerade dann sind sie es nicht, während sie aufwachsen. Die Bildung des Menschen erfolgt in einem Vorgehen, das dem demokratischen entgegengesetzt ist. Was geschieht, wie verläuft das Leben während der Adoleszenz? Ohne Wahlen. Das Lernen in jener Schule ist obligatorisch, diese bestimmte Arbeit ist verpflichtend, ob sie gefällt oder nicht. Es ist keine Arbeit der Hände, und die Kinder müssen nicht auf Stühlen, sondern in Bänke eingezwängt sitzen. Dies ist ihre Kreuzigung an ein Stück Holz, und die Nägel dafür fehlen nicht, es sind die Augen der Lehrerin, jener Lehrerin, die gefürchtet ist und die in der Seele des Kindes und des Jugendlichen die erste Ursache der hervorquellenden Angst sind.

Es würde schon etwas sein, für ein Ideal gekreuzigt zu werden! Aber diese Jugendlichen werden zum Opfer ohne Ideal gezwungen! Sie müssen stillhalten, um monotone Lektiönchen zu hören, ohne tätig zu sein; Lektionen, die als Mosaiksteinchen von Geschichte und Geographie erscheinen, die die eintönige Stimme der Lehrerin gibt. Und können die Kinder sich nicht davon befreien? Nein. Hier kann man fragen, nach welchem Kriterium es einem Teil der Menschheit erlaubt ist, mit ihrem Votum die freie Wahl zu einer Regierung, die er wünscht, zum Ausdruck zu bringen, während die andere Hälfte in der absolutesten Weise nicht den eigenen Willen ausdrücken kann. Aber wie bildet sich unter diesem Zwang die Seele? Die Kinder haben keine Wahl, weder die der Schule noch des Lehrers, nichts. Und die so verstandene Erziehung ist nicht eine Erziehung des Lebens für den Menschen, die eine Tendenz zu etwas Höherem besitzt. Nicht das geringste davon ist in dieser Erziehung, man beachtet in der gegenwärtig üblichen Schulerziehung der Jugendlichen überhaupt nicht das, was den Reichtum des Menschen begründet, d. h. seine Würde, sein Vermögen, zu handeln und jemand in der Gemeinschaft zu sein. In der üblichen Erziehung werden diese

Rechte nicht anerkannt. In ihr ist der Jugendliche dazu bestimmt, für die eine Stunde den Lehrer zu hören, der über einen bestimmten Gegenstand spricht. Nach einer Stunde geht der Lehrer hinaus, und ein anderer kommt herein, der dann auch, aber über vollkommen andere Dinge spricht, die nicht den geringsten logischen Zusammenhang mit den vorangegangenen besitzen. Und so wechseln die Lehrer einander ab. Der Geist des Jugendlichen hat kaum bei einem Gegenstand angehalten und vielleicht Geschmack an ihm gefunden, da wird ihm schon der nächste, völlig andere präsentiert. Und was soll der Jugendliche machen? Nichts, er darf nur unbeweglich hören, angenagelt, gekreuzigt auf diese Bank, die die Folter dieser armen Jungen ist. Und für welche Zeit muss dies der Junge so machen? Für immer, durch die ganze Kindheit und Jugend hindurch …"

(Aus: Maria Montessori, „Spannungsfeld Kind – Gesellschaft – Welt", S. 109 ff.)

Maria Montessori lässt nicht nach, mit unserer tradierten Schule vor Gericht zu ziehen und scheut nicht einmal Vergleiche mit der Sklaverei. Das ist sicherlich überzogen und dennoch sollten wir hier Montessoris Gedanken nicht gleich verwerfen. Veränderungen und Aktualisierungen in den Lehrplänen bringen sicher Verbesserung und Weiterentwicklung – allerdings nur insoweit, als sie auch von den Erziehern/Lehrern wirklich inhaltlich umgesetzt werden. Zwischen Lehrstoff und Methode steckt eine ungeheuere Spannung. Der Geist, die Atmosphäre, die eine Schule prägen, werden ausschlaggebend sein, wie wohl sich Kinder fühlen und bereit sind, aktiv und selbsttatig zu lernen. Zufriedene Lehrer, zufriedene Kinder, zufriedene Eltern, das muss unser wichtigstes Ziel sein, das es anzustreben gilt.

Das Leistungsniveau wird dann steigen, die Freude am Lernen größer werden.

2.18 Schulerziehung und Demokratie

„Die Erziehung sollte nicht durch das demokratische Ideal oder in irgendeiner Bindung an irgendein anderes schwer zu definierendes Ideal beschränkt werden. Man schweift von der Erziehung ab in eine Diskussion wie zu der, was genau das demokratische Ideal ist.

Erziehung sollte eine Wissenschaft und eine Hilfe für das Leben sein; ein genaues und gewissenhaftes Studium, das, den bisher entdeckten Gesetzen des Lebens folgend, exakt und entdeckungsfähig sein wird.

Erziehung hängt von einem Glauben an die Kraft des Kindes ab, einer Gewissheit, dass das Kind in sich die Möglichkeit trägt, sich zu einem weit höheren Wesen, als wir es sind, zu entwickeln. Es wird nicht nur zu einer besseren Lebensweise fähig sein; sondern es ist die einzige Person, die sie uns zeigen kann.

Daher ist im Augenblick das hauptsächlichste Ziel der Erziehung: allen Menschen die äußerste Wichtigkeit der Kinder zum Bewusstsein zu bringen, nicht, dass wir ihnen unsere spezielle Überzeugung oder unser spezielles Ideal aufdrängen, damit sie aufwachsen, um es zu demonstrieren; sondern dass wir darauf bestehen, dass jene Gesetze des Kindeslebens, die jenseits von Streit erkannt worden sind, befolgt werden, und dass die Forschung unterstützt wird, damit weitere Gesetze erkannt werden.

Die Erziehung sollte als etwas so Wichtiges betrachtet werden, dass sie nicht irgendeiner moralisch oder intellektuell mehr oder weniger qualifizierten Person anvertraut wird, sondern Personen, die in diesen beiden Hinsichten ganz besonders qualifiziert sind.

Erziehung muss organisiert werden wie alle die Wissenschaften organisiert wurden, die bis hin zur Gegenwart so wunderbare Ergebnisse erreicht haben …

Es scheint mir, dass Rechte von Erziehern nicht existieren; sie sind die Diener und arbeiten als Wissenschaftler. Sie müssen darauf beharren, dass das Leben, dem sie assistieren, die notwendigen Bedingungen findet; aber darüber hinaus kann ich nicht sehen, dass sie irgendwelche speziellen Rechte über die anderer Erwachsener in der Gemeinschaft hinaus besitzen. Wenn einmal die allgemeine Öffentlichkeit die Heiligkeit der Aufgabe der Unterweisung begreift und das Maß der dem Kinde gegebenen Hilfe so ist, dass die von ihm für das Leben der Erwachsenen erzeugten Ergebnisse in Schönheit und Größe erscheinen, dann werden die Lehrer als Wohltäter der Menschheit betrachtet werden, deren Rat und Hilfe man sucht.

Eine der offensichtlichen Ursachen der Verfehltheit der Erziehung liegt in der Ausbildung der Lehrer. Fünf Jahre, um Rechtsprechung zu lernen …; funf Jahre, um zu lernen, kranke Körper zu behandeln; vier Jahre, um Kinder des Gymnasialalters zu lehren; zwei Jahre, um in der Grundschule zu unterrichten, eben sechs Monate bis zu gar nichts, wenn sie für den Geist ganz kleiner Kinder sorgen und ihm beistehen müssen: wo das Leben sich gerade im zartesten und wichtigsten Stadium entwickelt, von dem das Wohl des ganzen zukünftigen Lebens abhängt. Es ist ganz lächerlich. Aber glauben Sie nicht, dass ich irgendeinen wunderbaren Effekt von fünf Jahren ermüdenden Studiums erwartete und dass dadurch eine Lebenshaltung entwickelt werden kann. Alles, was ich zu zeigen versuche, ist, dass bei den gegenwärtigen Standards die Unterweisung von Kindern nicht als irgendetwas Wichtiges bezüglich der Lehrerausbildung betrachtet wird. Ich beharre darauf, dass es ein überaus gewissenhaftes moralisches Training für alle Lehrer geben sollte. Und dass die Vorstellung, dass spezielles intellektuelles Training nur für die älteren notwendig sei, gänzlich falsch ist, wie auch diejenige, eine geduldige, freundliche Haltung zu besitzen, sei nur für die jüngeren Kinder notwendig ...

Die Vorbereitung der Bürger von morgen hängt ganz von der psychologischen Grundlegung des Menschen ab. Der Mensch ist von Natur ein soziales Wesen. Die Menschen wählen, miteinander zu leben, nicht wie eine Herde, sondern als unabhängig funktionierende Wesen, die sich verbinden. Diese Begabung wird von den ganz kleinen Kindern schon entfaltet, die sofort, wenn sie anfangen, als unabhängige Wesen zu handeln, sich mit anderen verbinden. Dieser Wunsch, sich zu verbinden, ist etwas so Starkes, dass möglicherweise manche der Irrtümer der Erwachsenengesellschaft allein durch die Tatsache verschuldet sind, dass die Erziehung der jungen Kinder so sehr darauf gezielt hat, dieses Verlangen zu frustrieren, und danach, wenn die katastrophalen Ergebnisse offenbar wurden, viele künstliche Heilmittel anwandte in der Hoffnung, das verursachte Übel zu kurieren.

Nochmals, von einer demokratischen Schulgemeinschaft zu sprechen, scheint Missverstehen herauszufordern. Es ist eine Gemeinschaft von Kindern, eine Gemeinschaft zukünftiger Männer und Frauen, wirklicher Männer und Frauen. Von ihnen wird niemand bezweifeln, dass sie wirkliche Männer und Frauen sind, wenn ihnen einmal wirklich erlaubt worden ist, sich zu entwickeln. Sie sind auf dem Wege, in der Welt zu leben, deshalb müssen sie mit ihr Kontakt haben, sie verstehen, bevor sie in sie eintreten. Das Leben in der Erwachsenengesellschaft ist nur eine andere Phase des Lebens, die letzte von vielen, die bis zu ihr hinaufgeführt haben. In all den anderen Phasen bereitete man sich für die nächste Phase vor, bevor man in sie eintrat. So muss also auch hier eine reale und genaue Vorbereitung stattfinden, so dass sie, wenn sie in das soziale Leben des Erwachsenen eintreten, die Mechanismen meistern können, die es regulieren. In sich selbst sind die Mechanismen des sozialen Lebens ganz rational, und nur, weil so wenige Leute sie verstehen, regulieren jetzt die Mechanismen das Leben der Menschen. Die Kinder müssen soziales Leben durch Leben erfahren, durch Erfahrung, bevor sie in es eintreten, mit all den Formen von Mechanismen, die es bestimmen.

Die Gegenstände des Unterrichts können zweifellos zu einem Verständnis dieser Mechanismen beitragen. Denn die Kinder müssen die Gegenwart verstehen, die wirtschaftlichen und politischen Faktoren, die die Welt regulieren. Sich einzubilden, wie es manchmal geschieht, dass dies in den letzten Jahren in der Schule vermittelt werden könne, ist albern. Die Tatsachen, die schlichten Tatsachen, wie z. B. die Verteilung des Stahls in der Welt, wer ihn besitzt und wer ihn kontrolliert, sind zum Lernen geeignet für sehr junge Kinder. Die älteren Kinder benötigen und wünschen die Wirkungen zu kennen, die solche Fakten gehabt haben und weiter haben werden. Sie müssen die Tatsachen zu ihrer Verfügung haben und von da aus selbst herausarbeiten, was die regulierenden Einflüsse sein müssen. Die Geschichte der Gegenwart ist enorm wichtig, nicht nur die Gegenwart, sondern auch ihre Wurzeln in der Vergangenheit, durch die vieles von der Gegenwart verstanden werden kann. Geschichte der Vergangenheit sollte mit dieser Sicht im Sinne gelehrt werden: der Erklärung der Gegenwart."

(Aus: Maria Montessori, „Spannungsfeld Kind – Gesellschaft – Welt", S. 127 ff.)

Erziehung sei eine Wissenschaft und Hilfe zum Leben, sagt Maria Montessori treffend. Sie fordert, dass wir allen Menschen die äußerste Wichtigkeit der Kindheit bewusst machen müssen. Kindheit prägt für das ganze spätere Leben. Vergessen wir das als Erwachsene nicht viel zu oft? Wenn Erziehung etwas so wichtiges ist, müssten wir dann auch nicht viel mehr darüber nachdenken und nach Wegen suchen, wie wir durch Erziehung verantwortlich und helfend auf die Bedürfnisse unserer Kinder reagieren können? Lassen sich dann Konsequenzen für die Lehreraus- und -fortbildung ableiten?

Je jünger die Kinder sind, desto wichtiger ist Erziehung. Das heißt die Lehrer/Erzieher für die jungen Kinder müssten die beste und sorgfältigste Ausbildung genießen, damit sie das Kind in seiner Ganzheit erkennen können und auf den richtigen Weg seiner Entwicklung führen. Was in der Kindheit grundgelegt wurde, begleitet uns ein ganzes Leben. In der Kindheit müssen wir uns vorbereiten auf die nächste Phase unseres Lebens. Wir durchlaufen viele solcher Phasen bis wir Erwachsene sind, aber auch dann sind wir noch nicht fertig. Wir lernen lebenslang, und entwickeln uns lebenslang, wenn uns die Freiräume dafür zur Verfügung gestellt werden.

Kinder müssen soziales Leben durch Leben erfahren, wünscht sich Maria Montessori. Kinder müssen Erfahrungen sammeln können. Diese sammeln sie mit uns Erwachsenen. Wir sollten Kinder viel stärker als das Spiegelbild unseres Selbst betrachten. Oftmals würden wir erschrecken …

Schulgemeinschaft ist deshalb heute wichtiger denn je. Es ist eine wichtige Erfahrungswelt auf den Weg in die Gemeinschaft der Erwachsenen, in unsere Gesellschaft. Die Lebensbereiche Kindheit, Jugend, Erwachsenenwelt sind nicht voneinander abgeschottet. Es gibt vielmehr Zugänge und Übergänge, Einblicke und Rückblicke, Vorausschau und Zukunftsperspektiven. So lernt das Kind aus dem Blick auf die Erwachsenenwelt ebenso wie der Erwachsene aus dem Rückblick in die eigene Kindheit und aus der Beobachtung der derzeitigen Kindheitsbedingungen der von uns betreuten Kinder. Lebenswelten bilden ein Ganzes. Und Leben kann man nur durch Leben lernen.

2.19 Der Rhythmus

„Der Erwachsene, der noch nicht begriffen hat, dass für das Kind die Tätigkeit der Hand ein Lebensbedürfnis, die erste Kundgebung seines Arbeitstriebes darstellt, verhindert es am Arbeiten. Dabei müssen wir nicht immer an den Abwehrinstinkt des Erwachsenen denken; es gibt auch andere Gründe für ein solches Verhalten. Einer dieser Gründe besteht darin, dass der Erwachsene den äußeren Zweck aller Handlungen im Auge hat und sein eigenes Tun seiner geistigen Konstitution anpasst. Dass es gelte, ein Ziel auf dem direktesten Wege und somit in der kürzest möglichen Zeit zu erreichen, bedeutet für ihn eine Art Naturgesetz, für das er denn auch den Ausdruck vom ‚Gesetz des geringsten Aufwandes' geprägt hat. Wenn er also sieht, wie das Kind große Anstrengungen macht, um eine nutzlose Handlung auszuführen, die er selber in einem Augenblick viel vollkommener ausführen könnte, ist er versucht, dem Kind zu Hilfe zu kommen und damit einem Schauspiel ein Ende zu bereiten, das ihm unerträglich ist.

Die Begeisterung des Kindes für unbedeutende Dinge wirkt auf den Erwachsenen grotesk und unverständlich. Sieht das Kind, dass eine Tischdecke anders aufgelegt ist als gewöhnlich, so empfindet es den Wunsch, sie so zu legen, wie es sie immer gesehen hat; und wenn irgend möglich, wird es dies auch tun, langsam zwar, doch immer mit dem Aufwand aller Energie und Begeisterung, deren es fähig ist, einzig aus dem Grunde, weil ‚sich erinnern' die Hauptleistung seines Geistes ist. Einen Gegenstand in die Lage zu bringen, die er früher bereits eingenommen hat, bedeutet somit für sein Entwicklungsstadium eine triumphale Tat. Dazu wird es allerdings meist nur dann Gelegenheit finden, wenn kein Erwachsener in der Nähe ist und auf sein Tun achtet.

Versucht das Kind, sich zu kämmen, so sieht der Erwachsene diesem bewundernswerten Bemühen nicht etwa beglückt zu, sondern er empfindet es als einen Angriff auf seine eigenen Wesensgesetze. Er sieht, dass das Kind sich weder gut noch schnell kämmt und nie eine ordentliche Frisur zuwege bringen wird, während er, der Erwachsene, das alles viel rascher und besser besorgen kann. Das Kind, das freudig eine für den Aufbau seiner Persönlichkeit wichtige Handlung vollführt, muss also erleben, wie der Erwachsene, dieser fast bis an die Decke reichende, über jeden Begriff mächtige Riese, gegen den jeder Widerstand vergebens ist, herankommt, ihm den Kamm aus den Händen windet und erklärt, er werde das Kind kämmen. Ähnliches spielt sich ab, sobald das Kind sich bemüht, sich anzukleiden oder seine Schuhe zuzuschnüren. Jeder Versuch des Kindes wird vorzeitig unterbrochen. Was den Erwachsenen nervös macht, ist nicht nur das Unnütze der kindlichen Versuche, sondern auch der Rhythmus, die von der seinen verschiedene Art, in der die Bewegungen des Kindes sich vollziehen.

Man kann seinen persönlichen Rhythmus nicht einfach ablegen wie ein unmodern gewordenes Kleid und durch einen neuen ersetzen. Der Bewegungsrhythmus ist ein Teil der Persönlichkeit, einer ihrer Charakterzüge, fast wie die Form des Körpers, und der Zwang, sich einem fremden Rhythmus anpassen zu müssen, ist sehr einschneidend.

Müssen wir etwa neben einem Gelähmten einhergehen, so empfinden wir alsbald eine Art Beklemmung; und wenn wir zusehen, wie ein Gelähmter langsam ein Glas zum Munde führt und dabei die darin enthaltene Flüssigkeit zu verschütten droht, verursacht uns der unerträgliche Zusammenstoß zweier Bewegungsrhythmen ein Unbehagen, das wir abzuschütteln suchen, indem wir unseren eigenen Rhythmus einschalten, was man dann ‚ihm zu Hilfe kommen' nennt.

Nicht viel anders verhält sich der Erwachsene gegenüber dem Kind. Unbewusst sucht er zu verhindern, dass das Kind die ihm eigenen langsamen Bewegungen ausführt, ganz so wie er instinktiv ein lästiges, wenn auch völlig harmloses Insekt verscheuchen würde.

Hingegen vermag der Erwachsene schnelle Bewegungen des Kindes zu ertragen, und in diesem Falle ist er sogar bereit, sich mit der Unordnung und Verwirrung abzufinden, die ein lebhaftes Kind in seine Umwelt bringt. Das sind die Fälle, in denen der Erwachsene es fertig bringt, ‚sich mit Geduld zu wappnen‘, denn es handelt sich hier um klare, äußere Störungen, und was bewusst ist, kann vom Willen beherrscht werden. Vollführt das Kind aber langsame Bewegungen, dann kann der Erwachsene gar nicht anders als einzugreifen und sich an die Stelle *des Kindes* zu setzen. Statt dem Kinde also bei seinen wichtigsten seelischen Bedürfnissen zu Hilfe zu kommen, ersetzt der Erwachsene die kindlichen Übungen durch seine eigene Fertigkeit, wann immer das Kind versucht, Handlungen zu erlernen. Er versperrt damit dem Kind jeden Weg zur Betätigung und wird selbst zum gewichtigsten Hindernis für dessen innere Entwicklung. Das verzweifelte Weinen des ‚launenhaften‘ Kindes, das sich nicht waschen, kämmen, ankleiden lassen will, legt Zeugnis ab von einem der ersten dramatischen Kämpfe des werdenden Menschen. Wer hätte je vermutet, dass jenes törichte ‚dem Kind zu Hilfe kommen‘ die erste Wurzel aller *Verdrängungen* und damit der gefährlichsten Schädigungen ist, die der Erwachsene dem Kinde zufügen kann?“

(Aus: Maria Montessori, „Kinder sind anders", S. 125 ff.)

Jeder Mensch, und damit jedes Kind, ebenso wie jeder Erwachsene, hat seinen eigenen Rhythmus, sein eigenes Tempo, seine eigenen Bewegungen. Mit der ersten Bewegung, dem ersten Greifen, Nach-Etwas-Fassen, übt das Kind sich in der Koordination seiner Bewegungen. Die Motivation dafür steckt im Kind verborgen und wird geweckt durch Anreize. Es versucht den farbigen Ball zu erreichen und strengt sich an, den Arm soweit zu strecken, dass es ihn berühren kann. Viel einfacher ist es, wenn wir – sofern wir die Bemühungen des Kindes bemerken – dem Kind den Ball in die Hand geben. Das Interesse lässt aber dann sehr schnell nach. Wie phantastisch spielen bereits Kinder im Kleinstkindalter mit ihren Händen, wenn wir sie nicht stören, wenn wir sie in Ruhe agieren lassen.

Woher nehmen wir als Erwachsene das Recht, uns über die Kinder zu stellen, zu glauben, dass wir ihnen alles machen und zeigen müssen? Wir brauchen uns nicht wundern, wenn Kinder dann ein Phlegma entwickeln, lustlos vor jeder Aufgabe zurückweichen, ihr Selbstvertrauen statt größer nur kleiner wird. „Ich kann das nicht“, so reagieren Kinder dann sehr schnell. Sie verwenden aber auch immer weniger Energie für eine Sache. Dabei fordern die Kinder ursprünglich von uns: „Hilf uns, es selbst zu tun!“

Leider verstehen die meisten Erwachsenen diese Aufforderung nicht oder lassen sich zu Fehlinterpretationen verleiten. Natürlich dauert es viel, viel länger, wenn das Kind sich in einer Sache übt und nicht gleich zum Erfolg kommt. „Komm, das kannst du noch nicht, ich mach dir das“, ist aber die falsche Reaktion der Erwachsenen. Vielleicht hätten wir das Kind besser beobachten müssen und ihm eine leichtere Aufgabe stellen sollen oder ihm einfach Zeit lassen.

Die Ungeduld von uns Erwachsenen ist einer der größten Erziehungsfehler. Wir sollten uns auf die Ebene der Kinder begeben. Bleiben wir beim Beispiel Maria Montessoris zum Kämmen. Natürlich kann es dem Kind nicht auf Anhieb gelingen, sich eine schöne Frisur zu zaubern. Gerade greift es doch zum ersten Mal den Kamm, es hält ihn noch ungeschickt in seiner Hand. Und jetzt muss es ihn halten, gleichzeitig die Bewegung des Armes so koordinieren, dass es mit der Hand den Kopf erreicht. Es streicht vielleicht nur etwas über das Haar, hält die Zinken des Kammes zur falschen Seite. Das Kind muss diesen Vorgang noch oft wiederholen, bis es wirklich Erfolg hat (im Sinne der Erwachsenen). Wie reagiert der Erwachsene? „Das kannst du doch noch nicht, gib mir den Kamm, du musst richtig durch die Haare, du siehst noch schlimmer aus als vorher, wenn du dir nicht helfen lässt, dann bleibst du eben hier ..." Das ist unbegreiflich für ein Kind. Es hat doch alles getan, was es beim Erwachsenen abgeguckt hat: Eben den Kamm genommen, zum Kopf geführt, gekämmt ...

Hier zeigt sich die Kluft zwischen dem Denken und Handeln der Erwachsenen und dem der Kinder. Wir müssen uns auf den Weg machen und gute Lehrer werden. Wir sollten unser Erziehungsverhalten immer wieder genau beobachten und insbesondere die Wirkung auf das Kind reflektieren. Hier sind Eltern, Erzieher, Lehrer gleichermaßen gefordert.

Als Erwachsene finden wir es lästig, wenn wir uns dem Diktat anderer Erwachsener unterordnen müssen. Viele Partnerkonflikte beruhen auf dem Versuch der Änderung des anderen. Wir lassen uns nicht gerne eine Meinung aufzwingen. Das Kind ist uns in diesem Punkt nicht unähnlich. Es will selbst ausprobieren, selbst entdecken, selbst üben, um dann zur Selbständigkeit zu gelangen. Deshalb arbeiten Kinder so gerne mit dem Montessori-Material. Die ‚eingebaute' Fehlerkontrolle macht sie unabhängiger und lässt sie selbständig werden.

2.20 Die freie Wahl

„Eine andere Beobachtung deckte zum ersten Mal eine höchst einfache Tatsache auf. Die Kinder benutzten das Unterrichtsmaterial, aber die Lehrerin verteilte es und räumte es am Ende der Stunde wieder fort. Nun erzählte sie mir, dass bei dieser Verteilung die Kinder von ihren Plätzen aufsprangen und sich an sie herandrängten. So oft die Lehrerin sie auch zurückschickte, sie näherten sich ihr immer wieder. Daraus hatte die Lehrerin den Schluss gezogen, die Kinder seien ungehorsam.

Als ich mir die Sache selbst ansah, begriff ich, dass die Kinder den Wunsch hatten, die Gegenstände selber wieder an ihren Platz zu bringen, und ich ließ sie gewähren. Das führte zu einer Art von neuem Leben: die Gegenstände in Ordnung zu bringen, Unordnung zu beheben, erwies sich als ungemein anziehende Beschäftigung. Wenn ein Kind ein Glas mit Wasser fallen ließ, eilten sogleich andere herbei, die Scherben aufzulesen und den Fußboden trocken zu wischen.

Eines Tages aber entglitt der Lehrerin eine Schachtel, in der sich etwa achtzig Täfelchen in verschieden abgestuften Farbschattierungen befanden. Ich sehe noch ihre Verlegenheit vor mir, denn es war schwierig, diese vielen Abstufungen von Farben wieder in die richtige Reihenfolge zu bringen. Doch schon eilten die Kinder herbei und brachten zu unserem großen Staunen alle Täfelchen schleunigst wieder in Ordnung, wobei sie eine wunderbare, der unseren weit überlegenen Sensibilität für Farbnuancen bewiesen.

Eines Tages kam die Lehrerin verspätet zur Schule. Sie hatte vergessen, den Schrank mit den Lehrmitteln abzuschließen, und fand jetzt, dass die Kinder ihn geöffnet hatten und sich davor drängten. Einige von ihnen hatten bestimmte Gegenstände ergriffen und fortgetragen. Dieses Verhalten erschien der Lehrerin als Ausdruck diebischer Instinkte. Sie meinte, Kinder, die Dinge wegtragen, die es an Respekt gegenüber der Schule und der Lehrerin fehlen lassen, müssten mit Strenge und moralischen Ermahnungen behandelt werden.

Ich hingegen glaubte die Sache so deuten zu sollen, dass die Kinder diese Gegenstände nun bereits gut genug kannten, um selber ihre Wahl unter ihnen treffen zu können. Und so war es auch.

Damit begann eine lebhafte und interessante Tätigkeit: Die Kinder legten verschiedene Wünsche an den Tag und wählten dementsprechend ihre Beschäftigungen. Seit damals sind wir zu den niedrigen Schränken übergegangen, in denen das Material in Reichweite der Kinder und zu deren Verfügung bleibt, so daß sie es gemäß ihren inneren Bedürfnissen selber wählen können. So fügte sich an den Grundsatz der Wiederholung der Übungen der weitere Grundsatz der freien Wahl.

Aus dieser freien Wahl haben sich allerlei Beobachtungen über die Tendenzen und seelischen Bedürfnisse der Kinder ergeben.

Eines der ersten interessanten Ergebnisse bestand darin, dass die Kinder sich nicht für das ganze von mir vorbereitete Material interessierten, sondern nur für einzelnen Stücke daraus. Mehr oder weniger wählten sie alle dasselbe: einige Objekte wurden sichtlich bevorzugt, während andere unberührt liegen blieben und allmählich verstaubten.

Ich zeigte den Kindern das gesamte Material und sorgte dafür, dass die Lehrerin ihnen den Gebrauch eines jeden Stückes genau erklärte; aber gewisse Gegenstände wurden von ihnen nicht wieder freiwillig zur Hand genommen.

Mit der Zeit begriff ich dann, dass *alles* in der Umwelt des Kindes nicht nur Ordnung, sondern ein bestimmtes *Maß haben muss*, und dass Interesse und Konzentration in dem Grade wachsen, wie Verwirrendes und Überflüssiges ausgeschieden wird."

(Aus: Maria Montessori, „Kinder sind anders", S. 168ff.)

Alle Eltern und berufsmäßigen Pädagogen sprechen von den Freiräumen, die sie den Kindern lassen und merken gar nicht, dass sie im praktischen Erziehungsalltag viel häufiger das Gegenteil tun. Wir sagen zum Kind, dass es die freie Wahl hätte und haben doch längst die Einschränkungen aufgezeigt.

In ihrem Beitrag spricht Maria Montessori von der freien Wahl des Materials. Wie gerne hätten die Eltern oder die Lehrer, wenn sich das Kind verstärkt mit dem Lesen oder Rechnen beschäftigen würde. Das Kind aber scheint sich ausschließlich für die Geographie zu interessieren. Steckt es in der sensiblen Periode oder Phase, die gerade das Interesse für diesen Bereich in den Vordergrund rückt? Wie schwer ist es auszuhalten! Nur die hohe Konzentration und die Energie, mit der sich das Kind in die frei gewählte Arbeit vertieft, verhindern, dass wir Erwachsenen eingreifen. Wie sind wir dann erstaunt, wenn das Kind schon wenige Tage später doch an die von uns gewünschte Arbeit herangeht. Jetzt tut es dies allerdings mit Einsatz und Lust, oder eben, weil es selbst wählen konnte.

Das Beispiel des offenen Schrankes macht deutlich, dass die Kinder ihre Wahl treffen wollen und können. Sie sind dann bereit, intensiver und ausdauernder zu arbeiten und holen oft in wenigen Stunden auf, was sie in den Tagen vorher scheinbar versaumt haben.

Die freie Wahl erfordert demnach offene Unterrichtsgestaltung. Frontalunterricht für die ganze Klasse findet kaum noch statt und dennoch kommt es zu keinem Lernverlust.

2.21 Die Lehrerin und der Lehrer

„Die Lehrerin, die sich auf diese besondere Erziehung vorbereiten will, muss sich also vor allem über den Gedanken im klaren sein, dass es sich nicht darum handelt, dem Kind durch Gegenstände *Kenntnisse* von der Beschaffenheit der Dinge zu vermitteln – wie Maße, Form, Farbe. Es wird auch nicht der Zweck verfolgt, die Kinder so weit zu bringen, dass sie das ihnen vorgelegte Material benutzen, ohne Fehler zu machen und so die Übung *gut* ausführen. Dies würde unser Material allem anderen gleichstellen – zum Beispiel dem Fröbelschen – und ständig das aktive Wirken der Lehrerin durch Vermitteln von Kenntnissen und prompte Korrektur aller Fehler erfordern, bis das Kind begriffen hat. Schließlich ist das Material kein *neuartiges Hilfsmittel*, das der *alten aktiven Lehrerin* in die Hand gegeben wird, um ihr bei ihrer Aufgabe als Lehrkraft behilflich zu sein.

Hier handelt es sich um eine radikale Verschiebung der Aktivität, die vorher bei der Lehrerin lag und nunmehr in unserer Methode überwiegend dem Kind überlassen bleibt.

Das Erziehungswerk verteilt sich auf Lehrerin und Umgebung. Die frühere ‚Lehrende' wird durch ein sehr viel komplexeres Ganzes ersetzt, das heißt, gleichzeitig mit der Lehrerin wirken zahlreiche Gegenstände (das Entwicklungsmaterial) bei der Erziehung des Kindes mit.

Der tiefgreifende Unterschied zwischen dieser Methode und dem sogenannten ‚objektiven Unterricht' der alten Methoden besteht darin, dass die ‚Gegenstände' keine Hilfe für die Lehrerin sind, die erklären muss, es sind also keine ‚Lehrmittel'.

Sie sind hingegen eine Hilfe für das Kind, das sie auswählt, sie sich nimmt, sie benutzt, und zwar entsprechend seinen

Neigungen und Bedürfnissen, je nach dem Impuls seines Interesses. So werden die Dinge zum ‚Entwicklungsmaterial'.

Die Gegenstände sind die Hauptsache und nicht der Unterricht der Lehrerin; da das Kind sie benutzt, ist es selbst das aktive Wesen und nicht die Lehrerin.

Die Lehrerin hat jedoch zahlreiche, nicht leichte Aufgaben: Ihre Mitarbeit ist keineswegs ausgeschaltet, doch sie wird vorsichtig, feinfühlig und vielfältig. Ihre Worte, ihre Energie, ihre Strenge sind nicht erforderlich, doch es bedarf einer Weisheit, die, dem einzelnen Fall oder den Bedürfnissen entsprechend, umsichtig ist bei der Beobachtung, beim Dienen, beim Herbeieilen oder beim sich Zurückziehen, beim Sprechen oder Schweigen. Sie muß eine sittliche Gewandtheit erwerben, die ihr bisher keine andere Methode abverlangt hat und die aus Ruhe, Geduld, Barmherzigkeit und Demut besteht. Tugenden und nicht Worte sind höchste Vorbereitung.

Wollen wir ihre Hauptaufgabe in der Schulpraxis zusammenfassen, so können wir sie wie folgt umreißen: Die Lehrerin soll den *Gebrauch des Materials* erklären. Sie dient hauptsächlich als Mittler zwischen dem Material (den Gegenständen) und den Kindern. Das ist eine einfache, bescheidene und doch sehr viel diffizilere Aufgabe als in der alten Schule, wo das Material ein einfacher Anknüpfungspunkt für die verstandesmäßige Verbindung zwischen der *Lehrerin*, die ihre Gedanken übermittelt, und dem Kind, das sie empfangen soll, bildete.

Hier tut die Lehrerin nichts anders als dem Kind die ihm zugedachte ständige, äußerst aktive Arbeit zu erleichtern und klarzumachen: ‚Dinge aussuchen' und ‚sich mit ihnen üben'. Das ist ähnlich wie in einem Turnsaal, wo Lehrer und Geräte erforderlich sind. Der Lehrer zeigt, wie man Barren und Wippen gebraucht, wie man Gewichte handhabt usw., und die

Schüler gehen mit diesen Dingen um und ‚entwickeln' dabei Kräfte, Geschicklichkeit und was sich sonst noch entwickeln lässt, wenn die Muskelenergie mit verschiedenen Mitteln in Verbindung gebracht wird, die die Turnhalle zum Üben bietet.

Dieser Turnlehrer redet nicht, er zeigt. Und genauso wie es ihm mit Worten nicht gelingen würde, auch nur einen einzigen seiner Schüler kräftig zu machen, so versagte die alte Schule restlos bei der Stärkung der Individualität und des Charakters der Kinder. In unseren Schulen jedoch, in denen sich die Lehrerin darauf beschränkt, anzuzeigen und zu lenken, einen Turnsaal für geistige Übungen zur Verfügung zu stellen, kräftigen sich die Kinder, werden zu einer Persönlichkeit mit starkem Charakter, tiefer Disziplin und erwerben eine innere Gesundheit, die eben das glänzende Ergebnis der Befreiung des Geistes ist.

Die Lehrerin muss ein zweifaches Studium betreiben, denn sie muss die sie erwartende Arbeit und die dem ‚Material', also den ‚Entwicklungsmitteln' vorbehaltene Aufgabe gut kennen. Es ist schwierig, eine solche Lehrerin theoretisch vorzubereiten, die ‚sich selbst erziehen' soll, die lernen soll zu beobachten, ruhig, geduldig und demütig zu sein, ihre eigenen Impulse zurückzuhalten, und die eine höchst *praktische* Aufgabe bei ihrer delikaten Mission zu erfüllen hat. Sie selbst braucht eher einen *Turnsaal* für ihre Seele als ein Buch für ihren Verstand.

Die ‚aktive Aufgabe', welche die Lehrerin als ein *Wesen* angeht, *das das Kind in Beziehung zu seinem Gegenstand setzt*, ist jedoch klar und lässt sich leicht erlernen. Sie muss verstehen, den geeigneten Gegenstand auszuwählen und ihn so anzubieten, dass er beim Kind auf Verständnis stößt und in ihm ein tiefes Interesse weckt.

Die Lehrerin muss deshalb *das Material sehr gut kennen* – und ständig gegenwärtig haben – sowie *exakt* die ebenfalls experimentell bestimmte Technik *erlernen, das Material vorzuführen und das Kind so zu behandeln, dass es wirkungsvoll gelenkt wird.* Die Schulung der Lehrerin ist ganz besonders auf dies alles ausgerichtet. Sie kann theoretisch einige allgemeine Grundsätze lernen, die bei der Orientierung in der Praxis sehr nützlich sind, doch sie wird sich nur durch Erfahrung die delikaten Methoden aneignen, die bei der Behandlung verschiedenartiger Individuen voneinander abweichen, damit weiter fortgeschrittene Kinder nicht bei Material aufgehalten werden, das für ihre individuellen Fähigkeiten zu einfach ist und ihnen Überdruss verursacht. Andererseits soll sie keine Gegenstände anbieten, welche die Kinder noch nicht würdigen können, was ihre erste kindliche Begeisterung ersticken würde. ...

Überwachung – Schließlich ‚wacht' die Lehrerin ‚darüber', dass ein in seine Arbeit vertieftes Kind nicht durch ein anderes gestört wird. Dieses Amt eines ‚Schutzengels' der Wesen, die sich auf das Bemühen konzentrieren, das sie erhöhen soll, gehört zu den erhabensten Aufgaben der Lehrerin."

(Aus: Maria Montessori, „Die Entdeckung des Kindes", S. 166 ff.)

Sie wundern sich vielleicht, dass an dieser Stelle noch einmal ein Text zur Persönlichkeit der Lehrerin oder des Lehrers steht. Wenn Sie den Ausführungen bisher gefolgt sind, dann wird Ihnen sicher deutlich, dass Maria Montessori nicht oft genug die „neue" Lehrerin und ihre Aufgabe beschreiben kann. Der Erfolg der Montessori-Pädagogik hängt nicht zuletzt sehr stark von der Person der Lehrerin oder des Lehrers ab, denn sie ist es, die die Atmosphäre ganz wesentlich gestaltet und dem Kind die Chance einräumt, in Freiheit und ohne Druck zu lernen. Von ihrer Sichtweise des Kindes wird ihr Verhalten gegenüber dem Kind geprägt. Den Lehrenden muss es auch gelingen, die Eltern der Kinder in die Methoden Montessoris einzuführen und ihnen den Zugang zu einer neuen Sichtweise ihres Kindes und seines Lebensumfeldes zu eröffnen.

Die Aufgaben der Lehrerin und des Lehrers sind jedoch um einiges schwieriger als in unseren Regelschulen. Sie erklärt den Gebrauch des Materials mit Hilfe der Drei-Stufen-Lektion und wird so Vermittlerin zwischen Material (Gegenstand) und Kind. Damit erwachsen dem Kind freie Entwicklungsspielräume, es kann sich entfalten und weiß sich dennoch in sicherer Obhut, wo es auch Hilfe abrufen kann.

Montessori verlangt vom Lehrer ein hohes Maß an Selbsterziehung – ein Studium, das nicht theoretisch erworben werden kann – und die Fähigkeit, den für das Kind geeigneten Lerngegenstand zu wählen und so anbieten zu können, daß er beim Kind auf Verständnis stößt und in ihm ein tiefes Interesse weckt. Montessori betont immer wieder, dass die Lehrer ihre Erfahrungen im Prozess des Alltags machen müssen und so stets Lernende bleiben, denn immer wieder neue Kinder und neue Situationen verlangen von ihnen Flexibilität, adäquate Reaktionen und entsprechendes Handeln. Sie müssen also immer mit ihrer eigenen Vorbereitung befasst sein, wenn es ihnen gelingen soll, dem Kind in einer vorbereiteten Umgebung die notwendigen Entwicklungsmöglichkeiten zu eröffnen.

Montessori-Pädagogik trägt deshalb zu Recht auch den Beinamen „Entwicklungspädagogik". Montessori betrachtet das Kind als ein sich „entwickelndes Leben". Auf diese Sichtweise baut sie ihre ganze Pädagogik, das erzieherische Handeln ebenso wie den Einsatz der Materialien oder die Bedeutung der zwischenmenschlichen Beziehungen Kind – Erzieher auf.

Schlusswort – Lernen ohne Druck

21 Texte zum Thema „Lernen ohne Druck" werden in diesem Buch vorgestellt. Es ist mir schwer gefallen, diese auszuwählen. Erst waren es 60, dann 50, ich musste weiter reduzieren, ich musste mich begrenzen. Warum dieses Problem?

Hat man sich in die Montessori-Literatur eingelesen, dann merkt man sehr schnell, dass jeder Satz in den Vorträgen Montessoris für sich steht. Montessoris Prinzip der Freiheit – und hier lässt sich auch das Lernen ohne Druck einreihen – durchzieht alle ihre Aussagen wie ein roter Faden. Hinzu kommt außerdem noch eine Art „Rollentausch" zwischen Kind und Lehrer/Lehrerin. Sie werden zu Bereitern der Umgebung, in der sich dann das Kind frei entfalten kann.

Der Lehrer/die Lehrerin bestimmt nicht über das Kind, sondern begleitet, regt an und berät. Die eigentlichen Lernimpulse gehen vielmehr vom Material aus und paaren sich sehr schnell mit der Neugier und dem Forscherdrang des Kindes. Leider geben aber wir Erwachsenen viel zu selten dem Kind die Chance zur Selbstentfaltung und zum Lernen (eben ohne Druck).

So kann ich in diesem Buch auch nicht auf eine der Kernaussagen bzw. ein grundlegendes Beispiel für kindliches Lernverhalten verzichten. Montessori weicht bei diesem Beispiel vielleicht ganz bewusst in die Tierwelt aus und wählt den Frosch aus in seiner Entwicklung von der Kaulquappe zum ‚erwachsenen' Frosch:

Wenn Ihr Kind es besser weiß als Sie

„Angenommen, eine närrische Froschmutter würde ihren kleinen Kaulquappen im Teich sagen: ‚Kommt heraus aus dem Wasser, atmet die frische Luft ein, vergnügt euch im grünen Gras, dann werdet ihr alle zu starken, gesunden kleinen Fröschen heranwachsen. Kommt schon mit, Mutter weiß es am besten!‘ Wenn dann die kleinen Kaulquappen versuchten zu gehorchen, würde es gewiss ihr Ende bedeuten.

Und doch ist dies die Art, wie so viele von uns versuchen, ihre Kinder zu erziehen. Wir sind darauf bedacht, sie zu intelligenten und nützlichen Bürgern zu machen, die guten Charakter und gute Manieren an den Tag legen. Und so verwenden wir viel Zeit und Geduld darauf, sie zu korrigieren, ihnen zu sagen: ‚Dies tu, und dies lasse‘ Und wenn sie fragen: ‚Warum, Mammi?‘ dann halten wir nicht inne, um zu bedenken, warum wir eingreifen, sondern schieben sie beiseite mit dem Wort: ‚Mutter weiß es am besten.‘

Wir sind genau in derselben Position wie der törichte Frosch, wenn wir es nur sehen könnten. Dieses kleine Leben, das wir zu modellieren bemüht sind, braucht kein Drängen und Quetschen, kein Verbessern und Bemäkeln, um seine Intelligenz und seinen Charakter zu entwickeln. Die Schöpfung achtet auf die Kinder ebenso, wie sie dafür sorgt, dass die Kaulquappe zu einem Frosch wird, wenn die Zeit dazu da ist.

‚Aber', höre ich Sie sagen, ‚sollen wir die Kinder tun lassen, was sie wollen? Wie können sie wissen, was das Beste für sie ist, wenn sie keine Erfahrung haben? Und denken Sie, was für kleine Wilde sie würden, wenn wir sie nicht Manieren lehrten!'

Und ich würde antworten: ‚Haben Sie jemals Ihren Kindern auch nur an einem Tag die Chance gegeben zu tun, was sie möchten, ohne dass Sie sich einmischten?'

Versuchen Sie es, und Sie werden erstaunt sein. Warten Sie, und beobachten Sie, wie etwas ihr Interesse einfängt. Vielleicht sehen die Kinder Sie einen Schlüssel im Schloss drehen und wollen das auch tun. Oder sie wollen Ihnen fegen helfen. Oder sie möchten eben ein paar niedliche kleine Muster mit Steinchen auf Ihren sauberen Flur legen. Und an jedem gewöhnlichen Tage würden Sie sagen: ‚Seid nicht im Weg, spielt mit euren Spielsachen!'

Aber heute geben Sie ihnen den Schlüssel, suchen einen kleinen Besen zum Fegen, lassen Sie sie das Muster auf den Flur legen und sehen, wie sie davon gefesselt werden. Es ist oft nicht genug für Kinder, etwas ein- oder zweimal zu tun, sondern sie wollen die gleiche einfache Handlung wieder und wieder ausführen, bis sie einen inneren Drang gesättigt zu haben scheinen. Sie werden überrascht sein, wie sie vor Unfug bewahrt sind, wenn sie sich mit etwas beschäftigen dürfen, was sie wirklich interessiert. Aber wenn Sie ungeduldig eingreifen und irgendeine fesselnde Beschäftigung unterbrechen, zerstören Sie die Konzentration und Ausdauer Ihres Kindes – wertvolle Lektionen, die es sich selbst erteilt. Es wird unbefriedigt sein, ein Gefühl der Enttäuschung und Ruhelosigkeit wird es erfüllen. Und sehr wahrscheinlich wird sich das Kind in bewusstem Unfug Luft machen.

Und was ist diese Lästigkeit, die wir so befürchten, falls wir die Kinder nicht korrigieren würden? Wir sagen, wir verbessern sie zu ihrem eigenen Wohle, und meistens glauben wir das auch ehrlich. Aber es ist merkwürdig, wie oft das, was wir als zu ihrem Besten ansehen, zugleich mit unserer eigenen Bequemlichkeit übereinstimmt: wir sind alle so eifrig mit unserem erwachsenen Frosch-Werk beschäftigt, dass wir vergessen, dass die kleinen Kaulquappen ihr eigenes Werk zu verrichten haben – das Werk, zu Männern und Frauen zu werden.

Und das ist die Absicht, die nur sie selbst tun können. Die größte Hilfe, die wir ihnen zu bieten vermögen, ist, uns ruhig in Bereitschaft zu halten und dafür zu sorgen, dass sie frei sind, sich in ihrer eigenen Weise zu entwickeln. Wir können andererseits ihre Arbeit sehr erschweren. Wenn wir beharrlich sagen ‚Mutter weiß es am besten' und uns bemühen, ihren aufwachsenden Verstand und Charakter nach unseren eigenen Maßstäben zu formen, werden wir nur die Zerstörung der Selbstbildung erreichen. Wir werden dann die Konzentrationskraft des Kindes dadurch brechen, dass wir seine Aufmerksamkeit auf Gegenstände fixieren, die es noch nicht interessiert. Und es wird tückisch werden, wenn wir zu streng darauf bestehen.

Aber wenn wir unsere ganze Haltung ändern und uns selbst sagen: ‚Das Kleinkind weiß, was das beste für es ist. Lasst uns selbstverständlich darüber wachen, dass es keinen Schaden erleidet. Aber statt es unsere Wege zu lehren, lasst uns ihm Freiheit geben, sein eigenes kleines Leben nach seiner eigenen Weise zu leben.' Dann werden wir, wenn wir gut beobachten, vielleicht etwas über die Wege der Kindheit lernen.

Dies ist eine neue Weise, das Problem der Verantwortung zu betrachten, die so schwer auf vielen Eltern lastet. Viele von uns, die versucht haben, die Wege der Kindheit von den Kindern her zu lernen, statt sie aus ihren eigenen Ideen abzuleiten, waren überrascht von den Entdeckungen, die sie machten. Es gibt einen Punkt, in dem wir alle übereinstimmen – Kinder leben in einer Welt ihrer eigenen Interessen und das Werk, das sie dort verrichten, muss respektiert werden. Denn obwohl viele kindliche Aktivitäten Erwachsenen zwecklos scheinen mögen, benutzt sie die Schöpfung zu ihren eigenen Zielen. Sie baut Geist und Charakter ebenso auf wie Knochen und Muskeln.

Die größte Hilfe, die Sie Ihren Kindern geben können, ist Freiheit, ihre eigene Arbeit in ihrer eigenen Weise anzupacken, denn in dieser Materie kennt sich Ihr Kind besser aus als Sie."
(Aus: Maria Montessori, „Spannungsfeld Kind – Gesellschaft – Welt", S. 12ff.)

Wenn wir diesen Text gelesen haben, dann müssten wir – eben alle Erwachsenen, die sich mit der Erziehung von Kindern beschäftigen –, umdenken. Montessori fordert immer wieder, dass wir auf die Stimme des Kindes hören müssen: „Hilf mir, es selbst zu tun." Sie meint damit, dass die größte Hilfe, die wir dem Kind geben können, die ist, ihm Freiheit zu geben, die Arbeit in der dem Kind eigenen Weise anzupacken. Für Druck ist also kein Platz, dafür aber für Motivation, Lernfreude, Begeisterung, Entdeckerdrang, Wissbegierde, Ausdauer, Geduld usw..

Inwieweit geben wir dem Kind in unseren Schulen die Möglichkeit, etwas alleine zu schaffen? Wird das Kind nicht vielmehr zu einem Konsumenten der zuhört, versucht aufzunehmen? Wir als Erwachsene wissen aus unseren Alltagserfahrungen heraus wie kurz die Zeitspannen sind, in denen wir wirklich in der Lage sind, mit hoher Konzentration zuhören zu können. Blickt man auf die Mitschriften von Erwachsenen bei Vorträgen, so schreiben sie anfangs viel auf – für sie wichtige Dinge. Nach geraumer Zeit lässt die Konzentration nach, die Mitschrift wird knapper und endet nicht selten in „Verzierungen“ und allerhand Malereien. Der Erwachsene klinkt sich sozusagen als Zuhörer aus. Er darf ja auch selbst entscheiden, was, wie und wie lange er etwas aufnehmen will. In einer Schulklasse mit durchschnittlich 25–30 individuell ganz unterschiedlichen Kindern bedarf es einer ganz besonderen Pädagogik, wenn jedem einzelnen Schüler wirklich entsprochen werden soll. Hierzu zeigt Montessori viele Wege auf.

Die Ausdauer, Konzentration, Aufnahmebereitschaft und Selbständigkeit sind ganz unterschiedlich bei jedem Kind.

Jedes Kind braucht die Chance, dass es seine Lernneugier befriedigen kann.

Während meiner schon eingangs erwähnten Hospitationen an niederländischen Montessori-Schulen faszinierte mich immer wieder die Ruhe und das hohe Maß an Konzentration und Ausdauer, mit dem die Kinder einer frei gewählten Arbeit nachgingen, eine Aufgabe zu lösen versuchten. Ebenso begeisterte mich aber auch das Verhalten der Lehrerin. Sie strahlte Ruhe und Zufriedenheit aus, antwortete aufmunternd auf fragende Kinderblicke. Sie zog ihre Erfahrungen und Konsequenzen aus einem Schultag für die Vorbereitung der Umgebung für die nächsten Tage. Für diese Mühe wiederum wurde sie durch die Arbeitsfreude der Kinder belohnt. In einem solch freiheitlich ausgerichteten Umfeld muss Kindern das Lernen auch einfach Spaß machen und zur Zufriedenheit führen. Kinder ganz verschiedener Begabungen können in einer solchen Klasse Platz finden und in dem ihnen gemäßen Lerntempo Fortschritte machen (sie bewältigen übrigens meistens wesentlich mehr Lernstoff als man erwarten würde).

Im Regelfall meinen Erwachsene – und hier insbesondere die Pädagogen –, dass sie die einzigen sind, die Lösungen kennen und diese unbedingt den Kindern nahebringen müssen. Kinder finden selbst Wege, auch wenn diese oft etwas ‚verschlungen' sind. Häufig sind die Lösungswege der Kinder kreativer, originaler, einfacher, logischer. Im späteren Leben erwartet der Arbeitgeber Kreativität, Entscheidungsfreude, Selbständigkeit, Motivation, Einsatz, Eigeninitiative ... Diese Fähigkeiten und Fertigkeiten müssen bereits in frühester Kindheit geübt werden.

Eine Sache muss uns nachdenklich werden lassen. Alle Kinder freuen sich auf die Schule und selbst die oft negativen Berichte bereits schulerfahrener Geschwister und Freunde dämmen diese Schulfreude nicht ein. Aber dann lässt oft diese Freude sehr bald nach. Liegt es an der Schule? Liegt es am Lehrer oder der Lehrerin? Liegt es am Lehrplan?

Nicht selten „stöhnen" Lehrer bzw. Lehrerinnen, dass der Lehrplan sie so stark einengen würde. Betrachtet man die Curricula dann jedoch näher, dann finden wir viele Spielräume, die aber leider oft nicht genutzt werden. Ein gutes Beispiel ist das Lesen. Es ist nicht vorgeschrieben, dass Kinder schon nach wenigen Monaten lesen müssen. Dennoch versuchen viele Lehrer/-innen dieses Lesepensum bereits bis Weihnachten zu erfüllen. Dies geht sicherlich nicht immer so ganz ohne Druck ... Wenn Kinder das Lerntempo mehr mitbestimmen könnten, dann würde sich das Lernen wohl mehr in ‚Schüben' vollziehen, eben orientiert an den sensiblen Perioden oder Phasen des Kindes.

Viele engagierte Lehrer/-innen wechseln heute an Montessori-Schulen. Sie sind bereit, sich selbst stärker zurückzunehmen und in der Weise pädagogisch zu arbeiten, wie sich Maria Montessori die Arbeit der ‚neuen Lehrerin' vorstellt.

Es wäre schön, wenn die aktuelle Diskussion um die Reformpädagogik und die Montessori-Pädagogik als Anregung für die Weiterentwicklung der Schule aufgegriffen würde. Schöpferisches Lernen und Lernen ohne Druck wären nur zwei Impulse, die eine Reflexion anregen könnten. Viele Gedanken aus der Montessori-Pädagogik könnten Eingang finden in unseren Schulalltag und zum Wachsen der Schulfreude bei Kindern, Lehrern und Lehrerinnen (sowie auch Eltern) beitragen!

„Der Lehrer darf nicht glauben, dass er sich durch Studieren am Schreibtisch für seinen Beruf vorbereiten und so die hierzu nötige Bildung erwerben kann. Vor allem anderen muss er selbst seine innere moralische Haltung festigen. Die Hauptfrage ist die, wie man das Kind betrachtet. Dieses Problem darf nicht nur von außen angesehen werden, als ob es sich um die theoretischen Kenntnisse von Naturwissenschaften handelt, oder darum, sie zu lehren oder sie zu verbessern. Wir wollen darauf bestehen, dass der Erzieher sich auch innerlich vorbereiten muss; sich in Selbstbetrachtung zurückziehen muss, mit dem Ziel, die bestimmten Fehler zu entdecken, die ihm bei der Behandlung von Kindern zum Hindernis werden könnten. Um diese Fehler zu entdecken, die schon im Wesen des Erwachsenen fest eingewurzelt sind, bedarf es einer Hilfe, einer Art Belehrung, gerade so wie man die Hilfe eines anderen braucht, um zu erfahren, was man im Auge hat.

In diesem Sinne muss der Lehrer in seine Vorbereitung eingeweiht werden. Bis jetzt beschäftigte er sich immer viel zu viel mit den schlechten Neigungen im Kind, und damit, wie man die verwerflichen Handlungen verbessern könnte, diese Handlungen, die für die Seele eine Gefahr bedeuten.

Dagegen ist es notwendig, dass er zuerst anfängt, die schlechten Neigungen, die Fehler in sich selbst zu suchen.

‚Nimm erst den Balken aus deinem eigenen Auge und dann suche den Splitter im Auge des Kindes'. Diese innere Vorbereitung des Lehrers ist nicht so gemeint, wie die der religiösen Ordensbrüder, die nur die eigene Vollkommenheit anstreben.

Man braucht nicht vollkommen zu werden, um Erzieher zu sein. Einem Menschen, der sich andauernd nur mit seinem inneren Leben beschäftigt und versucht, es zu vervollkommnen, könnten gerade jene Fehler unbewusst verbleiben, die ihn unfähig machen, das Kind zu verstehen. Deshalb ist es notwendig zu lernen und notwendig in dieses Lernen eingeführt zu werden, das heißt, man muss vorbereitet werden, um ein Lehrer der Kinder zu werden.

Wir haben schlechte Neigungen in uns, die uns mehr oder weniger vom Kind entfernen, denn das Kind ist im Vergleich zu uns nicht nur viel reiner, sondern es besitzt auch geheimnisvolle Fähigkeiten, die uns Erwachsenen gewöhnlich unsichtbar bleiben. Aber wir müssen an das Kind und seine Fähigkeiten glauben.

Das, was für den Lehrer interessant ist, ist die Betrachtung des Kindes in diesem Sinne. Es ist eine bestimmte und begrenzte Mühe, von der wir hier sprechen wollen. Der Lehrer muss die Hindernisse beseitigen, die ihm das Kind unverständlich machen. Unsere Lehre zeigt den Lehrern den Zustand ihrer Seele auf, der gebessert werden muss, wie ein Arzt die besondere Krankheit feststellt, durch die ein innerer Organismus angegriffen und in Gefahr gebracht wird.

Hierin beruht die positive Hilfe für die Vorbereitung des Lehrers ...

Das, was unsere Pädagogik von dem Lehrer als erste Vorbereitung verlangt, ist, dass er in sich selbst Einkehr hält und sich von allen Fehlern der Tyrannei reinigt. Der durch Jahrhunderte befestigte Komplex des Hochmutes und des Zornes muss ausgerottet werden, das so verhärtete Herz muss befreit werden, der Lehrer muss vor allem bescheiden werden, um die Liebe zu finden. Das ist die Haltung, die wir erwerben müssen. Das ist der Hauptpunkt des inneren Gleichgewichtes, ohne den man niemals weiterkommen kann. Das ist die innere Vorbereitung, der Ausgangspunkt und auch das Ziel.

Das aber soll nicht heißen, dass man jede Handlung des Kindes billigen oder sich jeden Urteils enthalten muss, oder dass man nichts zur Entwicklung seiner Intelligenz oder seiner Gefühle tun soll. Im Gegenteil, man darf nie vergessen, dass ja gerade das Kriterium des Erziehens ist, dem Kinde wirklich ein Lehrer und Helfer zu sein. Aber wir verlangen nichts anderes, als dass der Lehrer bescheiden werde und seine Vorurteile ablege.

Die erzieherische Hilfe für das Kind darf nicht abgeschafft werden, nicht sie ist es, die uns hindert, das Kind zu verstehen, sondern der innere Zustand des *Erwachsenen.*“

(Aus: Maria Montessori, „Texte und Diskussion“, S. 81 ff.)

Anhang

Wichtigste Lebensdaten Maria Montessoris

1870 geboren in Chiaravalle (bei Ancona) bald Umzug der Familie nach Rom

1896 Maria Montessori promoviert als erste italienische Frau zum Dr. med.
„Ich war eine der ersten Frauen in Italien, die als junges Mädchen mit vierzehn Jahren auf eine Sekundarschule für Jungen gingen, weil zu dieser Zeit in meinem Heimatland für Mädchen nur die Laufbahn zum Erzieherberuf offenstand. Und zu diesem fühlte ich mich nicht im Geringsten hingezogen. Ich schlug einen ungewissen und noch nicht begangenen Weg ein, als ich anfing, Mathematik zu studieren, mit der ursprünglichen Absicht, Ingenieur zu werden. Danach dachte ich an Biologie und entschied mich zuletzt für die Medizin. Schließlich wurde ich dann Professorin für Hygiene an einem der damaligen höheren Studieninstitute, einer Art Universität für Frauen. In dieser Eigenschaft gehörte es zu meinen Pflichten, in einer Prüfungskommission für pädagogische Dissertationen mitzuarbeiten. Rund zwölf Jahre lang hatte ich Dissertationen und kritische Besprechungen aller möglichen Autoren und pädagogischer Bücher anzuhören, auch von solchen, die heute völlig unbekannt und ganz vergessen sind. Ich muss wohl Diskussionen von mehr als 500 Doktorthesen gelesen und angehört haben. Außerdem nahm ich jedes Jahr an Hunderten von Prüfungen teil und hatte alle

möglichen pädagogischen Programme für die Ausbildung graduierter Lehrer zur Kenntnis zu nehmen. Ich war zwar in diese pädagogische Umgebung vertieft, aber ich wurde durch diese Studien nicht im Mindesten angezogen.

Es war genau auf dem Gebiet der Medizin, dass ich zum ersten Mal an Pädagogik Interesse fand. Dies geschah, als ich mit der pädagogischen Behandlung von Kindern zu tun hatte, die an bestimmten Krankheiten litten, und zwar mit der Rehabilitierung von Paralytikern und Neurasthenikern, und schließlich stieß ich auf die bekannten Erziehungsmethoden, die Itard und Séguin für taubstumme und geistige Kinder entwickelt hatten.

Ich war fasziniert von dieser ‚neuen Schöpfung', die bei diesen unglücklichen Wesen erreicht werden muss, wenn wir ihnen helfen wollen, wieder in die menschliche Gesellschaft und in die zivilisierte Welt einzutreten. Sie müssen unabhängig von der Hilfe anderer werden. Wir müssen in ihre schwachen Arme die Möglichkeit legen, Menschenwürde zu erringen. Diese ergreifende Aufgabe hielt mich so sehr gefangen, dass ich Jahre hindurch völlig von ihr in Anspruch genommen wurde.

Meine Erziehungsmethode jedoch, die sich auf *normale* Kinder bezieht, ist alles andere als einfach die reine Übertragung der Methoden, die ich bei geistig behinderten Kindern anwandte, auf körperlich und geistig gesunde, wie es immer und immer wieder von denjenigen behauptet wird, die nur oberflächlich urteilen und nicht ihre wahre Entstehung kennen. Es waren nur gewisse Prinzipien, denen von mir in der Erziehung normaler Kinder ein Platz eingeräumt wurde, z. B. die Berücksichtigung ihrer physiologischen Bedürfnisse, und zwar nicht nur – wie in der Hygiene –, so-

weit sie das vegetative Leben betreffen, sondern auch derjenigen, die sich auf das Nervensystem beziehen; und auf dieser Basis wurde es schnell notwendig, weiterzugehen und auch ihrer psychischen Entwicklung zu helfen."
(Maria Montessori, „Texte und Diskussion", 1971)

1896–1898 Assistenzärztin in der Kinderabteilung der psychiatrischen Uniklinik in Rom

1898–1900 Direktorin eines Heilpädagogischen Instituts in Rom

1904 Habilitation, Privatdozentin für Anthropologie

1907 Eröffnung des ersten „Kinderhauses" im Elendsviertel San Lorenzo (Rom)
„Meine erste Erfahrung mit Kindern zwischen drei und sechs Jahren machte ich in dem römischen Stadtviertel San Lorenzo. Diese Gegend hätte man den menschlichen Müllhaufen der Stadt nennen können, denn dort konnte man alles Mögliche durcheinander finden, Gutes und Nützliches, aber auch Faules und Totes. In diesem Viertel lebten Arbeiterfamilien gleich neben Verbrechern, Prostituierten und solchen, die in äußerstes Elend geraten waren. Innerhalb eines Versuches, sowohl die Wohnmöglichkeiten als auch den Charakter der Gegend zu verbessern, hatte man die ordentlichen Familien aus der Arbeiterklasse gesammelt und große Mietshäuser für sie neu aufgebaut. Wenn die Eltern zur Arbeit gingen, blieben die kleinen, noch nicht schulpflichtigen Kinder in den Treppenhäusern und Höfen. Sie lärmten herum und beschmutzten die Wände, die man eben frisch gekalkt hatte.

Mit ihnen also sammelte ich meine ersten Erfahrungen auf dem Gebiet der Erziehung normaler Kinder. Schon nach einem Jahr zeigten sich erstaunliche Resultate. Diese Kinder waren frei und ungezwungen geworden, sie hatten ihre Schüchternheit verloren, sie waren freundlich und grüßten von sich aus die Leute, die sie ansehen kamen, und sie benahmen sich regelrecht wie deren Gastgeber. Sie arbeiteten still, und ein jedes ging ohne Streitereien seiner eigenen Beschäftigung nach. Sie zeichneten und malten mit Wasserfarben, dabei wählten sie feine und harmonische Farbtöne. Sie schrieben mit einer wirklich schönen Handschrift, obwohl sie erst zwischen vier und fünf Jahre alt waren. Die Sicherheit, mit der sie ihren Tätigkeiten nachgingen, enthüllte eine individuelle Willenskraft, die so sehr im Fällen eigener Entscheidungen geübt war, dass man diese Kinder als wirklich unabhängig anerkennen musste. Und doch war ihre Disziplin so erstaunlich, die Bereitwilligkeit, mit der sie gehorchten, so vollkommen, dass manche Zeugen dieses Geschehen sogar mit Hypnose und Suggestion zu erklären suchten."

(Maria Montessori, „Texte und Diskussion", 1991)

1909 Erster internationaler Kurs der Einführung in Montessoris Pädagogik (Città di Castello)

„Mit einer Gewalt, die weder gebremst noch gesteuert werden konnte, breitete sich die Methode in vielen Ländern aus. Doch der größte Teil derjenigen, die sich ihrer bemächtigten, sprach über sie, ohne sie wirklich zu kennen; einige, um sie in den Himmel zu heben, andere, um sie zu bekämpfen. Nur sehr wenige haben sie wirklich studiert. Wohl niemand berücksichtigte den Umstand, dass es sich um ein neu entstandenes Werk handelte, das zwar noch unvollständig, aber doch tiefgehend ist und Hilfe und Schutz wirklich verdient."

(Maria Montessori, „Texte und Diskussion", 1971)

1913–1949 Reisen und Kurse in Europa, Nord- und Südamerika, in Indien und seinen Nachbarländern

„Bald richtete sich die Aufmerksamkeit der Öffentlichkeit auf die Kinderhäuser Montessoris, sie wurden besucht, ihr Ruf verbreitete sich. Montessori fühlte sich veranlasst, 1909 in Rom ihren ersten Kursus zur Einführung in ihre pädagogische Lehre und Praxis zu halten. Es war charakteristisch, dass schon der erste Kursus Teilnehmer aus aller Welt hatte. Ihm folgten im Laufe der nächsten Jahrzehnte viele Kurse, die Montessori selbst leitete und für die sie in jedem Land besondere Mitarbeiter gewann. Sie hielt Kurse in London, in Paris, in Barcelona, in Indien. Sie gab 1909 das erste ihrer Bücher heraus: ‚Il metodo della pedagogia scientificia applicato all'educazione infantile nelle case dei bambini', und 1916 ihr Werk: ‚L'Autoeducazione nelle scuole elementari'. Das erste dieser Bücher erschien 1913 und der erste Band des zweiten 1926 in Deutsch. Inzwischen sind die Hauptwerke in neuen deutschen Übersetzungen und textkritischen Bearbeitungen im Verlag Herder erschienen.

Maria Montessori hatte große Erfolge, sie stieß auch auf starke Widerstände, und oft ging das, was aufgebaut war, wieder zugrunde. Dies letztere geschah bei der spanischen Revolution in Barcelona, es geschah ferner durch den Faschismus in Italien, durch den Nationalsozialismus in Deutschland. Der zweite Weltkrieg störte auch in anderen

Ländern die Weiterentwicklung ihrer Pädagogik. Montessori befand sich bei Ausbruch des Krieges in Indien, wo sie Kurse gehalten und viele Freunde hatte; sie fühlte sich der Grundhaltung des großen indischen Führers Gandhi verwandt, die darauf gerichtet war, nicht zu töten, nicht zu bekämpfen, sondern zu glauben, aufzubauen und dem Frieden zu dienen. Montessori wurde mit ihrem Sohn und Mitarbeiter Mario Montessori, der sie seit Jahren begleitet hatte, in Indien von den Alliierten interniert, aber sie erhielt die Freiheit, Kurse zu halten und ihre Studien weiterzuführen."

(Helene Helming, „Montessori-Pädagogik", 1977)

ab 1916 längere Aufenthalte in Spanien; Gründung des „Hauses der Kinder in der Kirche", in Barcelona

1934 Montessori verlegt ihren Wohnsitz nach Barcelona

1936 Montessori flieht beim Ausbruch des Bürgerkrieges in Spanien nach Großbritannien, dann nach Holland; Gründung eines Montessori-Zentrums in Laren bei Amsterdam

1940 Reise nach Indien; dort nach deutscher Besetzung Hollands und Italiens Kriegseintritt zunächst interniert

1940–1949 fruchtbare Studien und Wirken Montessoris in Indien und seinen Nachbarländern

1949 endgültige Rückkehr nach Europa; Wohnsitz in Holland

1952 gestorben in Noordwijk aan Zee in Holland.

Die wichtigsten Grundbegriffe aus der Montessori- Pädagogik

Maria Montessori verwendet eine Vielzahl an Begriffen, die uns nicht so geläufig sind oder heute gar eine andere Bedeutung haben. Um Missverständnissen und Fehlinterpretationen vorzubeugen, werden hier die wichtigsten Begriffe erklärt.

1. Absorbieren, der absorbierende Geist

Absorbieren meint aufnehmen, „aufsaugen", verinnerlichen. Der absorbierende Geist ist ein unverzichtbares Werkzeug beim Aufbau des Kindes zum Menschen.

Die Zeit von der Geburt bis zum 3. Lebensjahr bezeichnet Montessori als die „unbewusste Zeit des Aufsaugens". Allein durch seine Existenz nimmt das Kind Dinge auf und macht sich diese durch die Absorption zu eigen.

„Der absorbierende Geist baut nicht mit Hilfe von Willensanstrengungen, sondern unter der Führung innerer Sensibilitäten, die wir sensitive Perioden nennen, weil die Sensibilität nur eine bestimmte Zeit dauert, gerade lang genug, um die von der Natur bestimmten Eroberungen zu machen."

Primäre Aufgabe ist es deshalb, die dem Kind eigenen Antriebskräfte zu schützen und darüber hinaus der Lern- und Entwicklungsmotivation des Kindes die erforderliche und entsprechende ‚Nahrung' in dessen Umgebung bereitzustellen.

2. Die Sensiblen Perioden oder der innere Bauplan

„Es handelt sich um besondere Empfänglichkeiten, die in der Entwicklung, d. h. im Kindesalter der Lebewesen auftreten. Sie sind von vorübergehender Dauer und dienen nur dazu, dem Wesen die Erwerbung einer bestimmten Fähigkeit zu ermöglichen. Sobald dies geschehen ist, klingt die betreffende Empfänglichkeit wieder ab. So entwickelt sich jeder Charakterzug auf Grund eines Impulses und während einer eng begrenzten Zeitspanne."

Montessori unterscheidet verschiedene sensible Perioden:

von der Geburt bis zu 3 Jahren:	gesteigerte Aufnahmebereitschaft und Aufnahmefähigkeit für alle Umwelteinflüsse, Sinneserfahrungen
1½–3 Jahre:	sprachliche Entwicklung
1½–4 Jahre:	Entwicklung und Koordination der Muskulatur, Interesse an Gegenständen
2–4 Jahre:	Verfeinerung der Bewegungen, Beschäftigung mit Wahrheit und Wirklichkeit, Entwicklung einer Vorstellung von Zeit und Raum
2½–6 Jahre:	Verfeinerung der Wahrnehmungen mit Hilfe der Sinneserfahrungen
3–6 Jahre:	Empfänglichkeit für Einflüsse seitens der Erwachsenen
3½–4½ Jahre:	Schreiben, Zeichnen
4–4½ Jahre:	Entwicklung des Tastsinns – taktile Wahrnehmungen
4½–5½ Jahre:	Lesen

Die kindliche Entwicklung teilt Montessori auch in Stufen ein.

1. Stufe – von der Geburt bis zum sechsten Lebensjahr – Prozess der Ich-Findung, Selbständigkeit durch Selbsttätigkeit
2. Stufe – vom sechsten bis zwölften Lebensjahr – Übergang vom Konkreten zum Abstrakten
3. Stufe – Adoleszenz – Hier geht das Individuum von seinen Gefühlen für die Personen in seiner nächsten Umgebung über zu einem abstrakten sozialen Gefühl für unbekannte Personen, für die Welt als Ganzes
4. Stufe – Das Kind/der Jugendliche weiß um seine Möglichkeiten, sich in der Kultur zu entwickeln und um seine Verantwortlichkeit dafür

„So vermag uns nur das Kind selber zu enthullen, welcher der natürliche Bauplan des Menschen ist“)
(M. M., „Kinder sind anders").

„Somit setzt sich eine Wahrheit durch: Das Kind ist nicht ein leeres Gefäß, das wir mit unserem Wissen angefüllt haben und das uns so alles verdankt. Nein, das Kind ist der Baumeister des Menschen, und es gibt niemanden, der nicht von dem Kind, das er selbst einmal war, gebildet wurde ... Das Kind formt von sich aus den zukünftigen Menschen, indem es seine Umwelt absorbiert")
(M. M., „Das kreative Kind").

3. Kinderhaus und Schule

Beide Begriffe dürfen nicht im Sinne der aktuellen Diskussion um Kinderhaus (altersgemischte Gruppen von 0–15 Jahren) und als Schule im aktuellen Sinn verstanden werden. Maria

Montessori verwendet in ihren Texten für den Bereich des Kindergartens den Begriff Kinderhaus ebenso wie Schule.

4. Lehrer und Erzieher

Maria Montessori verwendet beide Begriffe für die unterrichtenden Personen in der Schule und für die Betreuer im Kindergarten.

5. Die neue Lehrerin

Vom Lehrer in der Schule, ebenso wie von der Erzieherin im Kindergarten fordert und erwartet Maria Montessori neue Verhaltensweisen. Leitlinie ist dabei das Prinzip – der Ruf des Kindes – „Hilf mir, es selbst zu tun!"

„Der erste Schritt für eine Montessori-Lehrerin ist die Selbstvorbereitung. Sie muss ihr Vorstellungsvermögen wachhalten, denn in den traditionellen Schulen kennt der Lehrer das unmittelbare Verhalten seiner Schüler und weiß, dass er auf sie aufpassen und was er tun muss, um sie zu unterrichten, während die Montessori-Lehrerin ein Kind vor sich hat, das sozusagen noch nicht existiert. Das ist der prinzipielle Unterschied. Die Lehrerinnen, die in unsere Schule kommen, müssen eine Art Glauben haben, *dass sich das Kind offenbaren wird* durch die Arbeit. Sie müssen sich von jeder vorgefassten Meinung lösen, die das Niveau betrifft, auf dem sich die Kinder befinden können. Die verschiedenen mehr oder weniger abgewichenen Typen dürfen sie nicht stören: Sie muss in ihrer Vorstellung den anderen Typ des Kindes sehen, der in einem geistigen Bereich lebt. Die Lehrerin muss daran glauben, dass das Kind, das sie vor sich hat, seine wahre Natur zeigen wird, wenn es eine Arbeit gefunden hat, die es anzieht. Um was soll sie sich also bemühen? Dass das eine oder andere Kind beginnen möge, sich zu konzentrieren. Um das zu erreichen, muss sie ihre Energien aufwenden; ihre Tätigkeit wird von einem Stadium zum anderen wechseln wie in einer geistigen Entwicklung. Für gewöhnlich gibt es drei Aspekte bei ihrem Verhalten ...

Die Lehrerin hat es zu sehr gelernt, in der Schule als einzige frei aktiv zu sein, mit der Aufgabe, die Aktivität der Schüler zu unterdrücken. Wenn es ihr nicht gelingt, Ordnung und Ruhe zu bewahren, schaut sie bestürzt um sich, als wolle sie die Welt um Vergebung bitten und als Zeugen ihrer Unschuld anrufen: Vergebens wird ihr immer wieder gesagt, die Unordnung des ersten Augenblicks sei nötig. Wird sie gezwungen, nichts weiter zu tun als *zuzusehen*, fragt sie sich, ob sie nicht ihre Arbeit aufgeben soll, da sie nicht mehr Lehrerin ist."

(M. M., „Kinder lernen schöpferisch", 1994)

6. Freiheit – Unabhängigkeit

Maria Montessori will durch eine auf Freiheit gegründete Erziehungsmethode darauf abstellen, dem Kind zu helfen, eben diese Freiheit zu erobern: Das Kind kann sich erst wirklich entwickeln, wenn es vom Erwachsenen, der alles für das Kind macht, befreit ist. „Wer bedient wird, statt dass man ihm hilft, nimmt in gewissem Sinne an seiner Unabhängigkeit Schaden."

(M. M., „Die Entdeckung des Kindes", 1969).

7. Konzentration

„Konzentration ist ein Teil des Lebens. Sie ist nicht das Ergebnis einer Erziehungsmethode". Alle diese Abweichungen sind nicht Krankheiten, sondern die Resultate von Repressionen. Repressionen sind Unterdrückungen von Energien.

(M. M., „Spannungsfeld Kind – Gesellschaft – Welt")

8. Umgebung

„Die Erzieherin muss auch verstehen, dass die Umgebung den Kindern gehört. Die Umgebung ist nicht die ihre, weil sie die Erzieherin ist. Es ist die Umgebung, in welcher sie dem Kinde hilft, Herr dieser Umgebung zu werden. Das, was in der Gesellschaft fehlt, ist ein Platz für die Kinder, wo sie nicht unterdrückt werden, sondern Mittel zur Entwicklung finden" *(M. M., „Spannungsfeld Kind – Gesellschaft – Welt").*

„Das Kind muss durch seine Arbeit ein intensives Bedürfnis nach Betätigung befriedigen. So handelt es sich nicht um ein äußeres Ziel, das erreicht werden muss, sondern um ein tiefes Bedürfnis, das es durch langwährende Tätigkeit zufriedenstellen muss ... Um dieses tiefe Bedürfnis befriedigen zu können, ist das Kind auf den Erwachsenen insoweit angewiesen, als er ihm die Vielfalt seiner Lebensmöglichkeiten zugänglich macht ... Man darf nicht den Versuch machen, das Kind zu beeinflussen, um es zu unterrichten, sondern man muss ihm die Umgebung bereitstellen, in der es sich frei entfalten wird".

(Maria Montessori – „Texte und Diskussion", Hrsg. v. W. Böhm)

Montessori geht davon aus, dass alle Lebewesen die Fähigkeit besitzen, aus der Umgebung genau das zu wählen, was notwendig ist, um das Leben zu erhalten. So wird ein Kind das Material wählen, das in seiner Situation momentan für seine Entwicklung am wichtigsten ist.

Montessori ging deshalb bei der Gestaltung des Kinderhauses in Rom zuerst daran, die Umgebung der Kinder in damals noch völlig neuartiger Weise herzurichten. „Wenn wir aber im Kinderhaus eine Umgebung schaffen, die der Größe, den Kräften und den psychischen Fähigkeiten der Kinder entspricht, und wenn wir das Kind dort frei leben lassen, dann haben wir bereits einen großen Schritt hin zur Lösung des Erziehungsproblems ganz allgemein getan; denn dadurch geben wir dem Kind seine Umgebung".

(Oswald/Schulz-Benesch, „Grundgedanken der Montessori-Pädagogik", 1967)

9. Drei-Stufen-Lektion und das Sinnesmaterial

Maria Montessori geht von folgenden Überlegungen aus:

- Der Wert einer Erziehung und der Verfeinerung der Sinne schafft durch die Erweiterung des Wahrnehmungsfeldes eine zuverlässigere und breitere Grundlage für die Entwicklung der Intelligenz.
- Vor der Aufnahme in die Kinderhäuser haben Kinder während ihrer ersten drei Lebensjahre eine Unzahl von zufälligen und konfusen Eindrücken gesammelt und absorbiert. Das Sinnesmaterial Montessoris soll Ordnung und Klarheit im Unterbewusstsein des Kindes schaffen und Wesentliches von Unwichtigem und Zufälligem trennen.

„Das Sinnesmaterial besteht aus einem System von Gegenständen, die nach bestimmten physikalischen Eigenschaften der Körper wie Farbe, Form, Maße, Klang, Zustand von Rauheit, Gewicht, Temperatur usw. geordnet sind. Jede Gruppe verfügt über die gleiche Eigenschaft, jedoch in verschiedenen Abstufungen, es handelt sich also um eine Abstufung, bei der sich der Unterschied von einem Gegenstand zum anderen gleichmäßig verändert und, wenn möglich, mathematisch genau festgelegt ist. Es wird nur ein Material ausgewählt, das sich erfahrungsgemäß für die Erziehung eignet, das kleine Kind tatsächlich interessiert und bei einer spontanen und wiederholt ausgesuchten Übung beschäftigt".

(M. M., „Die Entdeckung des Kindes", 1969)

Dabei achtet Montessori darauf, eine einzige bestimmte Eigenschaft in dem Material zu isolieren, um das Kind bei der Erfahrung von Eindrücken nicht zu verwirren und um seine Eindrücke besser steuern zu können. Ihr Material erlaubt Erfahrungen am Gegenstand durch eigenes Tun und trägt so zur Verselbständigung und Unabhängigkeit bei.

Das Material gibt dem Kind die Möglichkeit zur Fehlerkontrolle. Das Kind hat also die Möglichkeit, ohne Eingriff des Erziehers den Fehler zu berichtigen, und wird somit von der Abhängigkeit vom Erwachsenen befreit.

Vergleichen wir Montessoris Material mit den neuen sog. didaktischen Materialien, so stellen wir fest, dass heute die kindliche Aktivität im Hinblick auf ein enges, bestimmtes Ziel gerichtet wird. Ist dieses Ziel erreicht, so ist damit auch die Arbeitsmöglichkeit für das Kind beendet. Beim Montessori-Material dagegen bleibt die Aktivität erhalten. Bei Montessori gibt es keine begrenzte Zielsetzung.

Die Schulung der Sinne wird nicht einseitig betrieben, sondern verläuft immer parallel mit der Spracherziehung. Dies führt zu Montessoris „Drei-Stufen-Lektion".

Erste Stufe: Die Assoziation der Sinneswahrnehmungen mit dem Namen. Das Kind bekommt zwei Farben. Wir sagen: Dies ist Rot. Dies ist Blau.

Zweite Stufe: Erkennen des dem Namen entsprechenden Gegenstandes (Zustand). Wir sagen: Gib mir Rot. Gib mir Blau.

Dritte Stufe: Erinnerung an den den Gegenstand bezeichnenden Namen. Man zeigt dem Kind den Gegenstand und fragt: Was ist dies? Es antwortet: Dies ist Rot. Dies ist Blau.

Quellen und Literatur

1. Maria Montessori, „Kinder sind anders“. Il Segreto dell’ Infanzia. Bearb. von Helene Helming. Aus dem Ital. von Percy Eckstein und Ulrich Weber. Verlag Klett-Cotta, Stuttgart 1952. 13. Aufl. 1993.
2. Hildegard Holtstiege, „Montessori-Pädagogik und soziale Humanität“, Verlag Herder, Freiburg 1994.
3. Paul Oswald, Günter Schulz-Benesch (Hrsg.), „Grundgedanken der Montessori-Pädagogik“, Verlag Herder, Freiburg 1967.
4. Herbert Haberl (Hrsg.), „Montessori und die Defizite der Regelschule“, Verlag Herder, Freiburg 1993.
5. Maria Montessori, „Spannungsfeld Kind – Gesellschaft – Welt“, Verlag Herder, Freiburg 1979.
6. Maria Montessori Texte und Gegenwartsdiskussion, hrsg. von Winfried Böhm, „Klinkhardts pädagogische Quellentexte“, 4. Auflage, Bad Heilbrunn 1990.
7. Maria Montessori, „Das kreative Kind – Der absorbierende Geist“, Verlag Herder, Freiburg 1972.
8. Maria Montessori, „Schule des Kindes – Montessori-Erziehung in der Grundschule“, Verlag Herder, Freiburg 1976.
9. Maria Montessori, „Die Entdeckung des Kindes“, Verlag Herder, Freiburg 1969.

10. Helene Helming, „Montessori-Pädagogik“, Verlag Herder, Freiburg 1977.
11. Maria Montessori, „Kinder lernen schöpferisch“, Hrsg. v. Ingeborg Becker-Textor, Verlag Herder, Freiburg 1993.
12. Helmut Hansen & Freya Pausewang, „Umdenken lernen“, Verlag Ullstein, Frankfurt 1986.
13. Bayerisches Staatsministerium für Arbeit und Sozialordnung, Familie und Frauen & Staatsinstitut für Frühpädagogik (Hrsg.), „Der Bayerische Bildungs- und Erziehungsplan für Kinder in Tageseinrichtungen bis zur Einschulung“, Verlag Beltz, Weinheim 2006.